# 自由

奧修

# DESTINY, **FREEDOM**, AND THE SOUL

WHAT IS THE MEANING OF LIFE?

OSHO

ONE OF
THE MOST
INSPIRING SPIRITUAL
TEACHERS
OF OUR TIME

生命的意義是什麼？

奧修靈性智慧 6

Bhakti —— 譯

# 目次

# 前言

人類的生命是一場追尋。人類的生命不是一個問題。問題可以透過智力而獲得解答，但是追尋只能透過存在來獲得解答。我們並不是為問題在尋找答案，而是為自身的存在尋找答案。

這是一種追尋，因為問題與他人有關。追尋則是和自己有關。人類在尋找自己。他知道他**存在**，但是他不知道他是**誰**。於是，從誕生的那一刻起，一種巨大的疑惑已經浮現在每個人內在最深的核心裡。我們可以壓抑這個疑惑，我們可以轉移這個疑惑，我們可以用別的問題來取代這個疑惑，但是我們無法扼殺它。沒有任何方法可以扼殺它，因為它是人類固有的天性。意識的天性就是想要知曉自己。

這種追尋是人類的本性，除非疑惑獲得解答，否則人類會一直尋找下去。當然，其中有九百九十九條路都是錯的，只有一條道路是對的——所以這趟追尋充滿了危機。這場追尋並不簡單；它非常複雜——而且很少有人能夠完成。但是除非你完成它，否則你會一直感到痛苦、混亂。你會一直在荒野中哭喊。你無法知道什麼是喜悅。因為當你不知道自己的時候，你怎麼能夠感到喜悅呢？而且你也不會感到祝福。因為當你不知道自己的時候，不會有祝福。

你聽到一些像是「滿足」或「幸福」的字眼，但它們只會是字眼而已。它們對你來說沒有任何實質意義。只有你自己的經驗能夠賦予它們意義。否則它們只會是空虛的字眼，它們會在你身邊發出許多噪音，但是毫無意義。

追尋是人類與生俱來的本性。但是這麼一來，問題也出現了，誤入歧途的機會這麼多，人類要如何找到正確的道路呢？

托瑪斯・卡萊爾（Thomas Carlyle，維多利亞時代蘇格蘭評論家、歷史學家）說：「人類的不幸源自於他的偉大。因為他內在有著某種無限的東西，而他無法把自己完全埋藏在有限裡。」

在人類的內在，有著某種比人類更為高遠、更為巨大的東西，沒有任何方法能夠把它掩埋在有限裡。你會在自己的生命裡看到這一點，你可以追逐金錢和權力，但是每當你成功時，你會發現自己的失敗。你每一次的成功不會為你帶來任何事情，它只會讓你覺察到自己的失敗。你擁有了金錢，但是你還是像以前一樣地不滿足，甚至感覺更糟。你有了權力，但是你還是像以前一樣地無能。由於其中的對比，沒有什麼比權力更能讓人類覺知到自己的無能，也沒有什麼比金錢更能讓人類覺知到自己內在的貧乏。你會發現自己外在是富有的，但是內在卻是個乞丐，依然充滿欲望、需索、渴望與追尋。

就某方面來說，這看似不幸——這是人類的悲哀。但是從另一方面來說，這正是人類的偉大之處。卡萊爾說：「人類的不幸源自於他的偉大。」他說的沒錯。人類偉大在哪裡呢？人類的偉大在於人類有能力勝過自己，超越自己，人類有能力把生命當成階梯，跳脫自己。除非你跳脫出來，否則你會一直生活在荒漠裡；而那裡寸草不生。你可以做盡所有你能做的事情，但沙漠就是沙漠；你不會在那裡遇到任何花朵。

唯有當你開始接近真實的時候，這些花朵才會開始綻放。這就是人類的追尋。人類的追尋是他渴望成為神。人類的追尋是他渴望成為真實。人類渴望感覺到：「我是真實」。除此之外，沒有什麼能夠滿足你。

第 **1** 章

# 關於「我是誰」的奧祕

「我是誰？」這個問題必須來自於你存在的最深處。這個問題必須在你的內在迴響著。它必須在你的內在震動著，在你的血液、在你的細胞裡脈動著。它需要成為你靈魂裡的問號。

而當頭腦安靜下來的時候，你就懂了。並不是你會得到什麼語言形式的答案，或是能夠在筆記本裡寫下：「這就是答案。」你沒有辦法對任何人說：「這就是答案。」如果你能說給別人聽，那它就不是答案。如果你能夠把它寫下來，那它就不是答案。當那個真正的答案出現時，它是一種存在性的體驗，所以它無可言傳。

問題　我自己本身就是個問題。我不知道自己是誰？該怎麼辦？該去哪裡？

和這個問題待在一起。不做任何事情，也不去任何地方；而且不要相信任何答案。就是和這個問題待在一起。

就只是和問題待在一起，而不去尋求答案——這是最困難的事情之一。因為頭腦非常狡詐，它會給你一些錯誤的答案。它會安撫你，它會給你一些讓你能夠緊抓依附的東西；這麼一來，問題沒有獲得解答，而是被壓抑下來。然後你持續地相信那個答案，但是問題仍然深藏在你的潛意識深處，就像一個傷口一樣。它沒有得到真正的治療。

我並不是說，如果你持續地和這個問題待在一起，你就會得到答案。從來沒有人得到過答案。如果你持續地和這個問題待在一起，漸漸地，問題會消失。而這並不是因為你得到了解答；因為，根本就沒有答案。不可能有答案的存在的，因為生命是一個奧祕。如果有任何答案存在的話，那麼生命就不是一個奧祕了。

生命沒有答案，它無法被解決。生命不是一個難題，它是一個奧祕。這就是問題和奧祕的區別。難題可以被解決，不論它有多困難。而奧祕是無解的——不是因為它困難。它其實非常簡單，只是它本質上就是無解的。

和那個問題待在一起——警覺地、覺知地、不去尋找、不試圖獲得答案。這一點很困難，但是如果你能做到的話……而這是可能的。我就辦到了。所有那些讓問題消失溶解的人也都辦到了。這份純然的覺知，這份覺知的火焰，會把問題燃燒殆盡。覺知的陽光讓問題消融；它消失了，它蒸發了。然後有一天，突然間，你會發現你存在，而問題不在了。並不是問題被答案所取代了。沒有答案。但是問題就是消失了。你沒有問題地存在著。這就是解答。

沒有問題的你，就是答案。這並不表示你從此能夠回答你是誰——而是你會覺得這個問題變得好笑。這個問題變得荒謬。從一開始，這個問題的出現就是錯的。不過現在你還無法了解這一點；你還需要提出問題。你需要迫切地詢問。你可以詢問，但是不要要求答案。

這就是神學和宗教精神（religiousness）的區別。神學為你提供答案；宗教精神帶給你覺知。神學為你提供答案——答案是現成的、加工過的、修飾過的、完美的。宗教精神不會給你任何答案；它只會幫助你貫穿深入這個問題裡。你越是深入這個問題，你越會發現它在融化、它在消失。當問題完全消失時，一股無與倫比的能量會從你的內在釋放出來。你毫無問題地，存在著。

當你沒有問題的時候，當然也就沒有頭腦（mind）。頭腦是提出問題的人。當問題消失時，頭腦也消失了，只剩下純粹的意識——無雲的天空、無煙的火焰。

而這就是神性。這就是佛；這就是基督。記住，我一次又一次的重複：佛陀沒有找到答案；所以他從來不曾回答這個最本質的問題。你問他：「神存在嗎？」他會迴避這個問題，他不會回答。你問他：「人死了之後會如何？」他會迴避這個問題，他會開始談論其他事情。他不會回答。

他不是玄學家，他也不是哲學家。他直接面對了那個問題，而那個問題消失了。當你點起燈火，當你把光亮帶進來時，問題會像黑暗一樣地消失。因此，把更多的覺知帶到這個問題上來。

你說：「我自己本身就是個問題。」很美！事情就應該是這樣——把所有的問題簡化到最根本的那個問題，那就是「我是誰？」不要在那些外圍的問題上打轉，像是「誰創造了世界？」、「這個世界為什麼會被創造出來？」這些都是沒有意義的問題。直接來到這個最根本、最本質的問題：我是誰？

誰？讓你的意識穿透它，像一隻箭，越來越深入，越來越深入，越來越深入。不要急著尋找答案——因為頭腦十分狡詐。如果你變得著急、沒耐心，頭腦會給你一個答案。頭腦會引經據典；它是惡魔！它會說：「對，你是神，你是純淨的意識，你是最終的真理、永恆的靈魂、不朽的存在。」而這些答案會摧毀你的追尋。一個求道者需要小心那些現成的答案。這些答案垂手可得；它們從各個方向蜂擁而來。事實上，你的頭腦早已受到制約了。在你還沒提出問題之前，已經有人給你答案了。

一個孩子——在他還沒有詢問關於神的問題之前，就已經有人給他答案；他被制約了。他還沒有發問——這個問題還沒有出現，但是人們已經提供了答案。然後很多人一輩子都對這個答案深信不疑，但卻從來沒有自己提出過這個問題。

如果你從來不曾提出過這個問題，那麼不論你知道些什麼，它都是垃圾。把它們扔掉，把你所有的知識扔進垃圾堆——因為在真實裡沒有知識，只有知曉(knowing)。沒有所謂的答案，只有一種能夠讓問題消失於無形的意識。只有一種明晰，一種清晰的知覺與視野，一雙清晰的眼眸，讓你可以層層看透。而不是你會在某處找到答案。

存在是如此浩瀚，如此奧祕……而這非常好。就是想想看，如果你能找到答案，那會是多麼的不幸。因為這麼一來，生命不值得你繼續活下去；這麼一來，生命沒有任何意義。就是因為你找不到答案，生命持續充滿了無窮的意義。神不是解答；神性才是那個讓問題得以消失的狀態。神性的狀態是無念(no-mind)的狀態。

和這個問題待在一起。我在這裡，是為了幫助你和問題待在一起。我不會給你任何的答案；你已經擁有太多答案了。我不會再加重你的負擔。我要教你的是如何放下過去所學的答案，讓那個問題變得像水晶一般純淨；讓那個問題變得真實，並且是真正屬於你的問題；也讓那個問題從你內在最深處升起。

和它待在一起。不要東奔西跑；不要急。有耐心點。讓這個問題變成你忠實的夥伴。

這就是我唯一教導的戒律：發問的戒律。還有，不急著尋找答案。

而且，能夠和問題待在一起是很美的一件事，因為答案使你腐化。它們摧毀了你的純真；它們摧毀了你純淨的無知。它們用文字、理論、教條填充你的頭腦；然後你不再是個處子。它們腐化了你。問題是純淨的；它不會腐化你。事實上，它強化你的純淨；它讓你變得越來越清澈。

開始覺知這個問題。我並不是說你要一直詢問：「我是誰？」也不是要你用語言來表達它。而是在沒有語言的狀況下，讓這個問題待在那裡。讓它像是你的呼吸一樣；讓它像是你的存在一樣。讓它在那裡，寂靜無聲，但是持續不斷，就好像你在孕育它一樣。有一天，當你和這個問題生活在一起夠久了，它會開始消失。它會蒸發，就好像當清晨來臨，太陽升起時，露珠開始消失一樣。當你的意識變成火燄，變成強烈的光亮時，這個問題會開始消失。

當這個問題消失時，你沒有辦法回答你是誰，但是你已經知曉。這時候它不是什麼知識，而是真正的知道。你沒有辦法回答，但是你知曉。你可以把它舞蹈出來，但是你無法回答。你可以把它微笑出來，但是你無法回答。你會把它生活出來，但是你無法回答它。

問題

我常常有一種感覺，好像我沒做某件我該做的事，或是我正在做某件我不該做的事；而這種情況應該立即有所改變，而且要快——就像是一個學童擔心自己會不及格，可能會被開除一樣。

我們都是這樣被撫養長大的。我們的整個教育，不論是在家裡、在社會上、在學校裡、在大學裡，都在我們的內在製造出緊張。而最根本的緊張就是你沒有做你該做的事。

然後這份緊張持續終生；它就像夢魘般地跟著你，持續地追趕著你。它永遠也不會放你喘口氣，它永遠不會讓你放鬆。如果你放鬆下來，它會說：「你在幹嘛？你不應該休息；你應該做些事情。」如果你正在做一些事情，它又會說：「你在幹嘛？你需要休息，這是必須的，不然你會把自己搞瘋——你已經快瘋了。」

如果你做了一些好事，它會說：「你是傻瓜。好心沒好報——人們會欺騙你。」如果你做了些壞事，它會說：「你在做什麼？你正在下地獄的路上，你會為此付出代價。」它永遠不會讓你喘口氣；不論你做什麼，它都會在那裡，責備著你。

這個譴責者已經深植在你的內在。這是人類身上有史以來最大的災難，而除非我們擺脫這個內在的譴責者，否則我們無法真正地當一個人類，我們無法真正地感到喜悅，我們無法參與這整個存在的慶祝。

除了你以外，沒有人能夠放掉這個譴責者。而且不是只有提出這個問題的人有這個困擾，這幾乎是所有人類的困擾。不論你誕生在哪個國家，不論你屬於哪一個宗教，這些都不重要——天主教、共產黨、印度教、回教、耆那教、佛教，不論你屬於哪一種意識形態都不重要——問題的根源是一樣的。那就是你的內在被分裂了，然後永遠會有某一個部分在譴責另一個部分。如果你聽從其中某一部分，那麼另外那個部分會開始譴責你。你陷入了一場內在的衝突、一場內戰。

這個內戰必須被放掉；否則你會錯過生命中所有的美、所有的祝福。你將永遠無法心滿意足的笑，你無法愛，你也永遠無法全心全意地投入任何事情。而一個人只有當他全然的時候，他才會像花朵一樣地綻放，然後春天才會來臨，你的生命會開始出現色澤、音樂和詩意。

只有出於這一份全然，你才會突然感覺到神性圍繞著你。但是非常諷刺的是，這種分裂卻是由你們所謂的聖人、教士與教會所製造出來的。事實上，在這個世界上，教士一直都是真實宗教精神的最大敵人。

我們需要擺脫所有的教士；他們是造成人類病變的根源。他們讓每個人都變得忐忑不安；他們讓這個世界變得神經質。而這種神經質是如此地普及而廣泛，以致於我們把它視為理所當然。我們認為生命就應該是如此，我們認為生命就是一場折磨，一場漫長的、持續不斷的折磨；一種痛苦、艱難的存在；一部充滿無謂苦難的自傳。

如果我們仔細觀察自己所謂的生活，它看起來確實是如此，因為其中沒有任何花朵，沒有任何心的歌唱，沒有任何一絲神性喜悅的光亮。

難怪全世界的聰明人士都在問生命有什麼意義。「我們為什麼要繼續活下去？我們為什麼要這麼懦弱地持續生活著？我們為什麼不能稍微鼓起勇氣，結束這些無意義的胡鬧？我們為什麼不自殺？」

這個世界過去從來不曾有過這麼多人認為生命是如此地無意義。為什麼這種現象會發生在這個時代呢？其實它和這個時代無關。而是因為長久以來，超過五千年以上的時間，教士們一直殘害著人類的心靈。而現在情況已經來到了極點。

這不是我們所造成的；我們是受害者。我們是歷史的受害者。如果人類變得更具有意識一些，那麼第一件要做的事情就是燒掉所有的歷史書籍。忘掉過去，它是一場夢魘。讓一切重新開始，就好像亞當再度誕生一樣。讓我們像是回到伊甸園一樣地重新開始，天真、無染，不曾被那些殘暴的教士以及他們的概念所污染。

教士非常地卑劣，因為他們發現了這件對他們極度重要的事情，那就是分裂一個人，把他弄得四分五裂，把他搞得精神分裂，然後教士們就可以一直掌有權力。一個分裂的人是虛弱的。一個不曾被分裂的人，一個完整的個體，是有力量的——他有力量接受任何冒險、任何挑戰。

曾經有一個人在尋找一個他可以加入的良好教會，他發現了一個小教會，當時那裡的會眾正和神職人員一起讀經。他們說：「我們留下了那些我們該做的事情沒做，而做了我們不該做的事情。」（譯註：語出聖公會《痛悔經》。）

那個人跌入某個座位裡，大大的鬆了一口氣，同時對自己說：「謝天謝地，我總算找到了和我一樣的一群人。」

隨便你去哪一個教堂，你都會找到和你一樣的一群人，你會找到和你同樣的翻版。或許語言稍微有點不同，儀式稍微有點不同，但是根源是一樣的。這個根源就是人類被貶損成為一場內戰。

當你認清教士對你做了些什麼，當你認清楚這點的那一天，那是你開始領悟的日子。而當你拋下所有胡說八道的那一天，則是你開始自由的日子。

去做你本性想做的事情。去做你內在本質所嚮往的事情。不要聽從經典，而是聽從你自己的心；這是我唯一所指定的經典。沒錯，非常仔細地傾聽你的心，非常有意識地傾聽，那麼你永遠都不會錯。聽從你自己的心，你就永遠不會分裂。聽從你自己的心，你會開始朝著正確的方向移動，而不需要思考是非對錯。

所以新人類的整個藝術就包含在這個祕密裡，那就是有意識、警覺地、仔細地傾聽你的心。然後透過各種方式去跟隨你的心，去到任何它所帶領你的地方。是的，有時候它會讓你置身險境——但是這時候你要記住，這些危險對你的成熟來說是必要的。有時候它會帶你誤入歧途——但是再一次記住，誤入歧途也是成長的一部分。你會跌倒很多次。就是爬起來。因為透過跌倒了再爬起來，這是一個人積蓄力量的方法。這是一個人變得越來越完整的方法。

但是不要遵循那些外在加諸在你身上的規則。沒有任何一條來自外在的規則是對的，因為規則都是那些想要統治你的人所發明出來的。沒錯，有時候這個世界上也會出現一些成道者，像是佛陀、耶穌、克里虛那、穆罕默德。他們並沒有給予這個世界規則，他們給予這個世界的是他們的愛。但是他們的弟子遲早會聚在一起，開始弄出一些行為準則。一旦師父走了，一旦光亮消失，而弟子們陷入黑暗時，他們會開始摸索尋找一些可供遵循的規則，因為那讓他們得以視物的光亮已經不在了。現在他們必須開始仰賴規則。

耶穌所做的事情來自於他心的低語，而基督徒持續所做的**並非**出自於他們心的低語。他們是模仿者——然而從你開始模仿的那一刻起，你就侮辱了自己的人性，你就侮辱了你的神。

永遠不要當一個模仿者；讓你自己永遠都是原創的。不要成為一個複製品。然而，這正是世界上到處發生的情況——一個接一個的複製品。

如果你是原創的，那麼生命就真的會是一場舞蹈——而你本來就應該是原創的。這個世界上沒有哪兩個人是一樣的，所以我的生活方式永遠也無法成為你生活的方式。

傾聽你心的低語——它們**正在**輕聲細語著。心所訴說的話語非常寂靜、非常細微；它從不大吼。

佛陀是佛陀，克里虛那是克里虛那，而你是你。你在任何方面都不比他人遜色。敬重你自己，敬重你自己內在的聲音，並且跟隨它。

而且記住，我並不保證它會帶你走向正途。它會讓你誤入歧途很多次，因為在你來到正確的門檻之前，你需要先敲過很多錯誤的門。事情總是這樣。否則就算你突然間碰到了正確的那扇門，你也無法認出它是對的。

最終結算起來，沒有任何努力是白費的。所有的努力最終成就了你成長的顛峰。所以不要猶豫；不要太過擔心犯錯這件事情。犯錯是人們碰到的其中一個問題；因為人們被教導永遠不要犯錯，因此他們變得猶豫不決、充滿了恐懼、害怕犯錯，他們變得難以動彈。他們無法移動，因為事情很可能會出錯。結果他們變得像石頭一樣，他們再也無法移動。

我教導你盡可能地犯許多錯誤，你只需要記住一件事情，那就是不要重複同樣的錯誤。然後你會有所成長。誤入歧途是屬於你自由裡的一部分；甚至連反抗神也是你尊嚴裡的一部分。有時候，連反抗神都是美麗的。因為唯有如此，你才會開始擁有骨氣；否則的話，這個世界上有上百萬的人，沒有任何一點骨氣。

因為我所講的這些話，所以有很多人被激怒。有一天，有個新聞記者到我這裡來。他來報導這個地方所發生的事情，而他想獲得正反兩方的說法——那些贊成的人和反對的人。所以他在城裡到處逛。他去找警察聊天；他去見普那市長。而那個市長所說的話真的很不錯，我喜歡他說的話。

他說：「那個人是如此的危險，他應該被驅逐離開普那市——不只是普那市，還有印度；不光是印度，還有全世界！」

我喜歡他說的話。然後我開始思考這件事。**他們要把我逐出這個世界？這個主意太好了！要是他們辦得到的話，我很樂意離開。**

為什麼會有這麼多的憤怒呢？這些憤怒是有原因的；它的背後有個基本的理由。這個基本的理由就是：我試圖給你一個關於宗教的新視野——如果這個新視野成功了，那所有舊的概念都必須死亡。

忘掉所有你被告知的事情：「這是對的，那是錯的。」生命沒有這麼僵化。今天對的事情到了明天可能是錯的；此刻錯的事情到了下一刻可能是對的。生命無法被分門別類地上架；你不能這麼輕易地給它貼上標籤說：「這是對的，那是錯的。」生命不是一間藥局，裡頭每個瓶子都有個標籤讓你知道什麼是什麼。生命是一場奧祕；在某一個片刻裡，某件事情是適當的，那麼它就是對的。在另一個片刻裡，恆河的河水又流逝了許多，它不再適用了，那它就是錯的。

我對正確的定義是什麼呢？凡是與存在合諧共處的就是對的，而那些與存在不合諧的就是錯的。你每一個片刻都需要保持警覺，因為每一個片刻你都需要重新決定。你不能仰賴現成的答案來決定什麼是對的、什麼是錯的。只有笨蛋才會仰賴現成的答案，因為這麼一來他們就不需要讓自己變得聰明。聰明是毫無必要的，他已經知道什麼是對的、什麼是錯的，他可以死死記住那張清單，那張清單不會很長。

猶太人有十誡，就這麼簡單，讓你知道什麼是對的，什麼是錯的。但是生命持續不斷在改變。如果摩西回來的話，我不認為他會給你相同的十誡——他沒有辦法。因為時間已經過了三千年，他怎麼能夠給你同樣的戒律呢？他必須創造一些新的東西。

而我的了解是，不論是什麼樣的戒律，它們都會為人們帶來問題，因為從戒律被提出來的那個片刻起，它們就已經過時了。生命的變化是如此地迅速，它是動態的，它不是靜態的。生命不是一潭發臭的死水，它是恆河，它持續不斷地流動著。從來沒有兩個連續的片刻是相同的。所以一個在此刻可能是對的東西，它在下一片刻可能就不對了。

那麼一個人該怎麼辦呢？唯一的方式就是讓人們變得如此地覺知，然後他們可以自行決定如何去回應這個不斷變化的生命。

有一個古老的禪宗故事：

以前有兩座廟宇，互為敵手。兩邊的師父——他們一定只是所謂的師父，而實際上他們是教士——非常反對彼此，所以他們要自己的追隨者忽視另外一座廟宇。兩邊的教士各有一個男孩服侍他們，為他們跑腿拿東西，辦些瑣事。第一間廟宇的教士告訴他的侍童：「不要跟另外那邊的男孩講話。那些人都很危險。」

但男孩就是男孩。有一天，他們在路上碰到了。第一間廟宇的男孩問另一個：「你要去哪裡？」

另一個男孩說：「去到風帶我所去的地方。」他一定在廟裡聽過一些偉大禪宗的故事。他說：「去到風帶我所去的地方。」很棒的說法，很純粹的「道」。

但是發問的男孩覺得很窘，很生氣，可是他不知道該怎麼回答。他覺得挫折、憤怒、又很有罪惡感，他想：「師父說過不要跟那些人說話。那些人真的很危險。現在，這算什麼樣的回答啊？他在羞辱我。」

他去找他的師父，告訴他發生的事情。「我很抱歉我和他說話了。你說得對：那些人很奇怪。那算什麼樣的回答啊？我問他：『你要去哪裡？』——只是一個簡單而禮貌性的問題——而且我知道他要去市場，就跟我要去市場一樣。但是他說：『去到風帶我所去的地方。』」

師父說：「我警告過你，但是你不聽。現在，聽好，明天你在同樣的地方等著。當他來的時候，你問他：『你要去哪裡？』他會說：『去到風帶我所去的地方。』然後你也來一點哲學。你問他：『如果你沒有腿的話，你要怎麼辦？因為靈魂是沒有形體的，而風不能把靈魂帶到任何地方去！』這樣如何？」

他整晚重複了一遍又一遍，他充分準備好了。第二天，他一大早就出門，站在那裡。同樣的時間，另外那個男孩來了。他很開心，現在，他準備讓對方瞧瞧什麼才是真正的哲學。於是他問：「你要去哪裡？」然後他等著……

但是那個男孩說：「我要去市場買蔬菜。」

現在，你要拿他學到的哲學怎麼辦呢？

生命就是如此。你無法事先做任何準備，你也無法是充分就緒的。這是生命所具有的美，這是生命所具有的神奇，它總是無預警的發生，它總是驚奇般地出現。如果你有眼睛，你會發現每個片刻都是一個驚奇，沒有任何現成的答案可用。

而所有舊的宗教都提供你現成的答案。瑪努（Manu，印度教經典《博伽梵歌》所記載之人類始祖）提出了他的戒律，摩西也提出了他的戒律，此外還有很多其他人。

我不給你任何的戒律。事實上，戒律這個字眼本身就是醜陋的。當你命令某人時，你也把他貶低成奴隸。我不給你任何的命令，你不用服從我或服從任何人。我只教導你一條生命最根本的法則：順從你自己，成為你自己的光亮，並且跟隨這道光亮。這麼一來，你所提的這個問題就永遠不會發生。然後，不論你做些什麼，那就是你該做的事，而任何你沒有做的事情，必然是你不需要做的。

記住，不要一再又一再地回顧，因為生命一直在變化。明天你或許會開始認為昨天的所作所為是錯的。即使它看起來像是錯的，但是昨天它並沒有錯。不需要回顧；生命不斷地前進著。

往前看。那些你走過的路，你已經走過了。它結束了；不要再背負著它。不要讓過去成為你不必要的負擔。結束你已經讀過的章節；不需要一再又一再地回顧。而且永遠不要根據那些新生的觀點，來批判過去的任何事情，因為新的就是新的，無可比擬的新。那些舊的事情在它當時所處的情況裡，它是對的，而這些新的事情在它所處的環境裡，它是對的，它們是無可比較的。

我在試著向你說明的是：放掉罪惡感！因為懷有罪惡感就像是置身地獄一樣。沒有罪惡感的話，你會像清晨陽光下的露珠一樣地清新，你會像湖上的蓮花瓣一樣地清新，你會像夜晚裡的星辰一樣地清新。一旦罪惡感消失時，你會擁有一種全然不同的生活，光輝而燦爛。你的雙腳會開始起舞，而你的心會開始唱起一千零一首歌。

活在如此的歡欣裡，你就是一個門徒；活在如此的喜悅裡，你就過著一種神聖的生活。而過著一種充滿罪惡感的生活，你就受到教士所剝削。

脫離你的監獄——不論是印度教、基督教、回教、耆那教、佛教、共產主義。脫離你所有的監獄，脫離你所有的意識形態，因為意識形態給你現成的答案。如果你問共產主義者一個問題，他會去《資本論》(*Das Kapital*)裡面尋找答案。同樣地，如果你問耆那教徒一個問題，他會去翻《吉踏經》(*Gita*)。

什麼時候你才會運用自己的意識呢？什麼時候呢？你還要被已死的過去束縛多久呢？《吉踏經》是五千年前出現的；生活已經有了如此巨大的轉變。如果你想要讀《吉踏經》，你可以把它當成美好的文學來閱讀——但是僅此而已，不要再多了。它是美好的文學，它是美好的詩，但是它不是你要遵循的格言，也不是你要遵守的戒律。享受它，把它當成來自於過去的禮物，它是來自於偉大詩人廣博（Vyasa，印度史詩《摩訶婆羅多》的作者，也是《吠陀經》的整理者）的禮物。但是不要把它當成你生活的戒律；它完全不適合。

然而所有一切都已經變得不再適當了，因為生命從來不是狹隘的。它持續不斷著；它穿越所有的邊界、所有的疆界，它是一個無止境的過程。早在過去某個時候，《吉踏經》就全然停止了，《古蘭經》（*Koran*）也已經全然停止了，但是生命從來不曾結束——記住這一點。提醒你自己。

唯一一種和生命保持連結的方式，唯一一種不落後於生命的方式，就是擁有一顆沒有罪惡感的心、一顆純真的心。忘掉所有你被告知的一切——該做什麼，不該做什麼——沒有任何人能夠替你決定。

避開那些替你做決定的冒牌貨；把韁繩握在自己的手裡。你必須自己決定。事實上，你的靈魂就在這個決定當中誕生。當別人替你決定時，你的靈魂會保持沉睡而遲鈍。當你開始自己做決定時，一種銳利會開始出現。做決定意味著冒險，做決定意味著你可能會犯錯——誰知道呢？而那就是冒險。沒有人知道會發生什麼事？它是一個冒險——毫無任何保證。

和老舊的東西在一起，那是有保證的。有數以百萬計的人跟隨過它——不可能這麼多人都是錯的？這是一種保證。如果有這麼多人都說它對，那它必然是對的。

事實上，生命的邏輯剛好是相反的。如果有這麼多人跟隨它，那麼你可以確定它一定是錯的，因為有這麼多人是如此地未開悟且冥頑不靈。群眾是由傻子所構成的，全然的傻子。小心這些群眾。如果有這麼多人都在追隨某樣東西，那就足以證明它是錯的。

真理發生在個體身上，而不是在群眾身上。你有聽過群眾成道的嗎？真理總是發生在個體身上——一個帝洛巴（Tilopa）、一個阿底峽（Atisha）、一個那納克（Nanak）、一個卡比兒（Kabir）、一個法瑞德（Farid）。

真理發生在個體身上。

如果你真的希望真理發生在你身上的話，那就成為一個個體。

承擔成為一個個體所需要承擔的所有風險，接受這項挑戰，然後它可以讓你變得更為敏銳，為你帶來光輝和聰慧。

真理不是信念；它是聰慧的極致。它是你生命那個隱藏源頭的迸現，它是你意識的啟發性經驗。但你需要提供一個適當的空間讓它得以發生。而適當的空間就是接受你自己此刻的面貌。不否定任何事，不分裂，也沒有罪惡感。

歡欣慶祝！我再對你說一次，欣喜於你此刻的樣子。

問題　我總是害怕獨處，因為當我獨處時，我會開始懷疑我是誰。感覺起來，如果我深入探究的話，我會發現我並不是過去二十六年來我一直認定的那個人，而是一個存在，從我誕生的那一刻開始存在，或許甚至在我誕生之前就已經存在了。基於某些原因，這讓我非常害怕。這感覺起來像是一種神智錯亂，這也讓我為了尋求安全而迷失在外在的事物裡。我是誰？還有為什麼我會有這種恐懼？

不是只有你感到害怕，每個人都一樣地害怕。因為沒有人真的成為存在要他所是的樣子。所有的社會、文化、宗教和教育都共謀對抗著天真的孩子。他們掌握了所有的權力——孩子是無助而依賴的，所以不管他們想把孩子塑造成什麼樣子，他們都能夠設法辦到。他們不讓任何一個孩子按照他天生的命運來成長。他們所做的一切努力就是把人變得有用。

如果你放任孩子自行成長的話，誰知道他會不會變成一個對既得利益者有用的人？社會不願意冒這種風險。它緊抓著孩子，開始把他塑造成某種社會需要的東西。就某方面來說，它扼殺了孩子的靈魂，然後給了他一個虛假的身分，好讓他不會想念自己的靈魂、自己的本性。這種虛假的身分只是一個替代品。這個替代品只有在把它賦予給你的那群人裡是有用的。當你獨處時，虛假的東西會開始四分五裂，而被壓抑的真實會開始表達它自己。然後，獨處的恐懼就此出現了。

沒有人想要感到孤單。每個人都想歸屬於某一群人——不只是某一群人，而是很多群人。一個人屬於一個宗教群體、一個政黨、一個扶輪社……然後還屬於其他許多小團體。人們一天二十四小時都想要得到支持，因為那個虛假的東西，一旦沒有了支持，它就無法存在。當一個人單獨時，他會開始感到某種怪異的瘋狂感。這就是你所提出的問題——因為這二十六年來，你一直認定你是某個人，然後突然間，在一個孤獨的片刻裡，你開始覺得你並不是那個人。這帶來恐懼：那我到底是誰呢？

二十六年的壓抑……你會需要一點時間讓那個真實的部分去表達它自己。

而這兩者之間的空隙被神祕家們稱為「靈魂的暗夜」，這是一個非常恰當的描述。你不再是那個虛假的，但你也還不是真實的。你處在一個過渡階段裡；你不知道你是誰。

在西方——提出這個問題的人來自西方——這個問題變得更為複雜。因為西方未曾發展出任何方法，讓人們能夠盡快找到那個真實的部分，縮短靈魂的暗夜。就靜心而言，西方對此一無所知。而靜心只是一個名稱，它代表著獨處、寧靜、等待那真實的部分自行彰顯。靜心不是一種行動，它是一種寧靜的放鬆——因為不管你「做」些什麼，那都來自於你虛假的人格。你過去二十六年裡所有的行動都來自於它；它是一個老習慣。

習慣很難消逝。

印度有一個偉大的神祕家，阿克納斯（Eknath）。他和他所有的弟子一起去朝聖；那是一趟為時三到六個月的旅程。有個人來找他，匐伏在他的腳下說：「我知道我不值得。你也知道這一點，因為每個人都認識我。但是我知道你的慈悲遠勝於我的沒有價值。請接受我，讓我成為朝聖團的一員。」

阿克納斯說：「你是一個小偷——而且還不是一般的小偷，而是小偷之中的大師。雖然每個人都知道你是個賊，但是你從來沒有被抓到。我實在很想帶你一起去，但是我也必須考慮其他同行的五十個人。你必須向我保證——你不會偷任何東西。在旅程結束之後，一切都隨便你。一旦我們回到家，你就不需要再遵守這個承諾。」

那個人說：「我完全準備好向你做出承諾，而且我非常感激你的慈悲。」

另外五十個人非常的懷疑。信任一個小偷？……但是他們無法對阿克納斯說什麼；他是他們的師父。朝聖之旅開始了，而第一個晚上就出了問題。第二天早上到處一片混亂：有人外套不見了，有人襯衫不見了，也有人錢不見了。每個人都在大喊大叫：

「我的錢在哪裡？我的外套在哪裡？」他們對阿克納斯說：「我們從一開始就很擔心，你要帶這個人一起上路。一輩子的習慣……」但是當他們開始尋找時，他們開始發現自己的東西並沒有真的被偷走。有人的錢不見了，但是在別人的袋子裡被找到。有人的外套不見了，但是它被發現在別人的行李裡。每樣東西都被找到了，但是那是一場不必要的麻煩——每天早上都如此！沒有人了解這是怎麼一回事？很明顯的，這不是那個小偷所做的，因為沒有東西真的被偷走。

第三天晚上，阿克納斯保持清醒，好看看這是怎麼一回事。到了半夜，那個小偷醒了——只是出於一種習慣——他醒了，然後開始把東西搬來搬去。阿克納斯制止他說：「你在幹什麼？你忘了你的承諾嗎？」

他說：「不，我沒有忘記我的保證。我什麼也沒偷！但是我沒承諾不把東西從一個地方搬到另一個地方。六個月之後，我還是會繼續當小偷；這只是一個練習而已。而且你也了解，這是一輩子的習慣，我無法說改就改。給我一點時間。你應該能夠了解我的困擾。有三天的時間，我什麼都沒有偷——那就像斷食一樣！這只是一個替代品，我在讓自己保持忙碌。半夜是我平常工作的時間，所以我實在很難只是躺在床上。我醒著，然後有那麼多白痴在睡覺……我沒有傷害任何人。到了早上，他們會找到他們的東西。」

阿克納斯說：「你是個怪人。你看，每天早上都這麼混亂，每天都要浪費一、兩個小時找東西，弄清楚你把它們放到哪裡去了，誰的東西跑到誰的行李裡面。每個人都得打開每一樣東西，然後去問每個人：『這東西是誰的？……』」

那個小偷說：「你至少要給我這一點空間。」

二十六年的虛假人格——由你所愛的人、所尊敬的人灌輸在你身上，他們完全沒有傷害你的意圖。他們的意圖是良善的，但是他們缺乏覺知。他們不是有意識的人。你的父母、你的老師、你的教士、你的政客，都不是有意識的人，他們是無意識的。而就算是良善的意圖，到了無意識的人手中也會變得有毒。

所以當你獨處時，一種深沉的恐懼會升起，因為那些虛假的東西突然間開始消失了。但是那些真實的部分還需要一些時間才會出現。你二十六年前遺失了它；你必須考量一下現實，這二十六年的空隙需要重新連結。

在這種「我正在失去自我、失去理智、失去神智、失去頭腦與一切」的恐懼之下——因為這個由別人所提供的自我正是由這些東西所組成的——看起來就好像你快要瘋了一樣。所以你馬上開始找一些事情，讓自己保持忙碌。如果身旁沒有人，至少還有點事情可做，這讓那個虛假的部分能夠持續忙碌著，而不會開始消失不見。

因此，人們發現假日是最難熬的時候。他們工作了五天，希望週末可以放鬆一下。但是週末是全世界最糟糕的時間——週末往往有更多的意外事故、更多人的自殺、更多的謀殺案、更多的竊盜、更多的強暴事件。怪了……這些人忙碌了五天，一點問題也沒有。但是週末突然讓他們有所選擇，繼續忙碌或是放鬆下來——但是放鬆太可怕了；虛假的人格開始消失。最好還是保持忙碌；即使是做一些愚蠢的事情。所以人們往海邊跑，擁擠又緩慢的車流綿延好幾英哩。如果你問他們要去哪裡，他們正要「遠離人群」。然而，一整群的人正跟著他們一起離開！他們在尋找一個避世、寧靜的空間——他們所有人都如此。

事實上，如果他們待在家裡的話，那裡會更僻靜、更安靜些，因為所有的白痴都跑去尋找遠離塵囂的地方了。而且他們還趕路趕得像瘋子一樣，因為兩天很快就結束了，他們需要早點到達——只是別問他們要到達哪裡！

而在海灘上，你看……他們是這麼擁擠，連市場都沒這麼擁擠。更奇怪的是，人們覺得非常自在，還做著日光浴。一萬個人在一個小小的海灘上做日光浴，放鬆著。同樣一個人，如果他單獨在同樣的海灘上，他會無法放鬆。但是他知道有上千個人在他周圍放鬆著。同樣的一群人在辦公室裡，同樣的一群人在街上，同樣的一群人在市場裡，現在同樣的一群人在海灘上。對虛假自我的存在而言，群眾是必要的。一旦它開始孤單，你就開始受不了了。

這也是為什麼，一個人需要對靜心有所了解。

不用擔心，因為那些會消失的東西，它就是該消失的。執著於它是無意義的；它不是你的，它不是你。當那些虛假的部分消失，而那個清新、天真、無染的存在從它本來的地方開始升起時，你就是它（You are the one）。

沒有人能夠回答你這個「我是誰？」的問題——只有你才能知道答案。

所有的靜心方法都在於協助你摧毀虛假。它們不會給予你真實；真實是無法被給予的。

那些能夠被給予的東西不可能是真實的。那個真實的部分，你已經擁有了；你只需要去除掉虛假的部分。

換個方式說：「師父從你身上帶走那些不屬於你的東西，然後他給予你那些真正屬於你的。」

靜心只是一種勇氣，讓你能夠保持寧靜與單獨。然後慢慢地、慢慢地，你會開始感受到自己擁有一種新的品質、新的生命力、新的美、新的聰慧——它們不是外借而來的，而是從你的內在生長出來的。它根植於你的存在，如果你不是個懦夫，它就會開花結果。

只有那些有勇氣、有膽識的人能夠擁有宗教精神。而不是那些經常去做禮拜的人——這些人是懦夫。不是印度教徒，不是回教徒，不是基督徒——他們反對追尋。他們是同樣的一群人，他們正試圖強化他們錯誤的身分。

你被生下來。你帶著生命，帶著意識，帶著無比的敏感度來到世界上。只要看看那些年幼的孩子。看看他們的眼睛，如此地清新。但是這些都被一個虛假的人格所掩蓋了。

不需要害怕。你只會失去那些需要失去的。而它越早消失越好，因為它持續得越久，它就變得越強壯。而沒有人知道明天會發生什麼事情。不要在你了悟自己真實本性之前死亡。

只有少數一些人有幸得以帶著真實的本性生活，也帶著真實的本性死亡——因為他們知道生命是永恆的，死亡只是一個幻象。

問題　我有個問題想問，但是它們從來不是完整的，我也不知道該怎麼問。

從來沒有問題會是完整的，因為當一個問題變得完整時，這意味它也有了自己的答案。就本質而言，問題本來就是不完整的。它是一種欲望、一種渴求、一種探究，因為有些東西需要變得完整、完全。

要求完整是人類意識的一部分。讓事情處於一種不完整的狀態，它就會變成一種執迷；一旦它完整了，你就自由了。完整帶來自由。

因此，不是只有你的問題是不完整的。只是你比較警覺，所以你看到了問題的不完整。

再者，你不知道該如何提出問題。事實上，沒有人知道！我們所有的問題都來自於我們的無知，來自於我們的無意識，來自於我們陰暗的靈魂。沒有人確切知道自己的問題是什麼，重點為何——因為一旦你知道自己的問題是什麼時，你也會立刻在自己的內在找到答案。

當你明確知道問題是什麼的時候，那意味著答案也不遠了。它非常的近，因為這份明確來自於答案，而不是問題。

但是，一個人還是需要提出問題。雖然所有的問題都是不完整的，而你也不知道該怎麼提出問題，但是每個人都需要提出問題，因為人們無法保持寧靜。你或許不提出任何問題——但這並不表示你沒有問題，這只表示你沒有把它們呈現出來。或許你害怕暴露自己，因為每個問題都會顯露出你的無知。

超過上百萬的人從來不提出任何問題，只因為一個簡單的理由，那就是保持寧靜，至少會讓你看起來有智慧一些。提出問題顯示了你的傷口，顯示了你存在裡所有的污點。這需要勇氣。

再者，有些問題並非來自於你的無知，而是來自於你外借而來的知識——這種問題是有史以來最糟的問題。

一個出於無知的問題是天真的，它是純淨的。它是未受污染、未受腐化的；它顯示出你的勇氣、你的信任。但有些問題是來自於你外借而來的知識。從父母、老師、教士、政客那裡，你從那些充滿各種危險，各種偽裝飽腹學識的人那裡，聽到太多，讀到太多，你被灌輸了太多的資訊，而你收集了他們所有的垃圾。

有一個朋友送我一份很美的禮物，一個非常藝術的漂亮字紙簍，上面附著一張紙條——「奧修，如果你覺得我的問題只是垃圾，把它們丟進這個字紙簍裡。你不需要回答。」

那些來自於知識的問題就像垃圾。

你對神、宇宙一無所悉；你對靈魂、輪迴、來生、前世一無所悉。你所知的一切都只是傳聞。人們在你身邊閒聊，然後你收集了那些看起來似乎是重要的東西。為什麼它看起來很重要？——它看起來重要是因為它可以掩飾你的無知。它讓你覺得自己好像知道了一些東西。但是記住，這個「好像」非常的巨大。你其實並不知道，你只是「好像」知道。

所有的神聖經典、所有的哲學書籍、所有的學說，都應該歸入同一個目錄：「好像」。他們談論了所有可能、不可能的事物，但事實上，他們完全一無所知！但他們口才便捷，富有理性上的虛構能力，他們可以憑空弄出一套體系。

那就是為什麼沒有任何一個哲學家會贊成別的哲學家。而每個哲學家都認為自己發現了完整的思想系統，來解釋這個世界上的每件事情。而其他所有哲學家卻在嘲笑他；他們在他的系統裡找到上千個漏洞。但是事情一旦落到他們身上時，他們也會犯同樣的錯誤：他們宣稱自己的系統是完整的，再也不需要更進一步的探究了。

最奇怪的是，這些人在抓別人漏洞的時候都非常富有洞察力，但是他們看不見自己系統中的漏洞。也或許是他們根本就不想看。那些漏洞就在那裡，每個人都看得到；不可能他們自己看不到。但是他們加以忽視，然後希望其他人也都看不見。

所有的哲學家都失敗了。所有的宗教都失敗了。你的心智背負著所有哲學以及所有宗教的殘骸，然後你還根據這些殘骸提出問題。這種問題是毫無意義的；你不應該提出這種問題。因為它們才真的是展現了你的愚蠢。

但是那些由於你的無知而升起的問題，就像是孩子發問一樣。那些問題是不完整的，它們不是什麼了不起的問題，但它們卻極度的重要。

有一天，有一個孩子和勞倫斯(D.H. Lawrence)在花園裡散步，這個孩子不斷地提出各式各樣的問題。而勞倫斯是他那個年代最真誠的人之一，他受到政府和教士的譴責，正是因為他的真誠。因為他只肯說事實，因為他不願意當個外交人員、當個偽君子，因為他不肯妥協。即使在一個孩子面前，勞倫斯也展現了如此真實的誠意，而這是你們那些偉大的聖人都不曾展現出來的。

那個孩子問說：「樹為什麼是綠的？」——一個很簡單的問題，但是非常有深度。所有的樹都是綠的——為什麼呢？這些樹是怎麼了？有這麼多的顏色存在，有這麼多的彩虹顏色——有些樹可以是黃的，有些樹可以是紅的，有些樹可以是藍的——為什麼所有的樹都選擇綠色呢？

在勞倫斯的處境下，任何父母親、任何老師、任何教士、任何人——甲、乙、丙——都會撒點謊：「是神把它們創造成綠色的，因為綠色能夠撫慰人的眼睛。」但是這會是一種欺騙、一個謊言。勞倫斯知道自己對神一無所知，對樹為什麼是綠的也一無所知。

事實上，就連研究樹木的科學家也不知道，雖然他能夠證明因為某些元素——葉綠素——的緣故，所以樹是綠的。但這並不是適合孩子的答案。他只會繼續問：「為什麼它們選了葉綠素？而且每棵樹都一樣？」這不是一個令人滿意的答案。

勞倫斯閉上眼睛，靜靜的等了一會兒……要跟這個孩子說什麼呢？他不想欺騙一個天真的孩子——雖然這個問題很平常，怎麼回答都可以。但是這個問題來自於純真；所以它是有深度的。勞倫斯張開眼睛，看看樹，然後他對孩子說：「樹是綠的，因為它是綠的。」

那個孩子回答說：「對，我也這麼認為。」

但是勞倫斯在他的回憶錄裡回憶這件事：「對我來說，這是一個很美的經驗——這個孩子出於純粹的誠懇，向我展現了他的愛與信任。我的回答並不是一個回答；就邏輯學家而言，它是一個套套邏輯（tautology，又稱為「恆真句」，即在任何情況下都正確，但沒有實質內容）。『樹是綠的，因為它是綠的。』這算是答案嗎？」

事實上，勞倫斯所說的是：「我的孩子，我和你一樣無知。雖然我們年齡不同，並不表示我知道，而你不知道。」年齡的區別無關乎「知」或「無知」。

樹是綠的，這是整個存在奧祕的一部分。萬物正是它們自己本來的樣子。一個女人是一個女人；一個男人是一個男人。一朵玫瑰是一朵玫瑰，即使你用別的名稱，它還是一朵玫瑰。

那個早上，在那個小小的事件中，蘊藏著某種極度的美。

提出問題——但不是來自於知識，因為所有的知識都是借來的、毫無根據的、徹底的垃圾。

讓問題來自於你的無知。

記得，這份「無知」是你自己的——你要以它為榮。

那些知識不是你的。你怎麼能夠以它為榮呢？

問題並不是用來遮掩無知的。問題是為了帶入某些光亮，讓那個無知、那個黑暗得以消失。

我無法給你比勞倫斯更好的回答，但我可以給你一些別的東西，而這是勞倫斯未曾了悟的。我可以給你一個空間、一種寧靜，讓你在其中領悟自己身上的奧祕。

你就是提出問題，不管它是什麼樣的問題。你只需要記得：不要根據你的知識來提出問題——讓你的問題來自於你真誠的無知。

事實上，我的回答並不是答案。我的回答是殺手——它們會殺掉問題，它們把問題帶走，它們不會讓你有機會執著於任何答案。

而這就是一個老師與一個師父之間的區別：老師給予你答案，然後你依賴這些答案而繼續無知下去——表面上它有著美好的裝飾——圖書館裡裝滿了答案，但是說到底，它在表面之下有著極度的無知。而一個師父會殺掉你的問題。他不給你任何答案；他會帶走你的問題。

如果你所有的問題都能夠被帶走……仔細聽好我所說的話：如果你所有的問題都能夠被帶走，那麼你的無知會消失，而只剩下純真。純真就是你能夠照亮自己的光芒。

在這樣的純真當中，你不知道任何問題、任何答案，因為整個問與答的世界都被留在後面。它變得毫不重要；你已經超越它了。你既沒有問題，也沒有答案。這就是成道的狀態。而如果你夠勇敢的話，你甚至還可以再超越它。

這會帶給你千百年來那些神祕家們所描述的美妙經驗：你的心會狂喜地跳舞，你的整個存在會成為美麗的日出……而你的內在則綻放出上千朵蓮花。

如果你想要，你可以在這裡安住。過去，人們停駐在這裡，因為你還能在哪裡找到更好的地方呢？佛陀把它稱為蓮花樂園。

但如果你生來就是一個尋道者……

我會建議你，休息一會兒，享受成道所具有的美，但是不要把它當成終點。繼續超越，因為生命的旅程毫無止境，還有許許多多無法描述的事情會持續的發生。

成道的經驗是超乎言語的，但是所有經驗過的人都試著描述它。他們說那是無法形容的，但是他們仍然試著去描繪它——它充滿了光亮，它充滿了喜悅，它是最終的祝福。如果這不叫做描述，什麼叫做描述呢？

我是第一個這麼說的人：幾千年來，那些成道的人都說它是無法描述的，但他們仍然試圖描述它，一生都誦唱著它。但是超越成道，那麼你就進入了一個完全無法描繪的世界。因為在成道裡，你還存在著；否則是誰在那裡感受著喜樂、是誰在那裡看見光亮呢？卡比兒說：「……像是數千個太陽同時升起。」是誰在那裡看到的呢？

成道是最終極的經驗——但它仍然是個經驗，而這個經驗者也仍然存在。超越它，就沒有任何經驗者了。

你消失了。

一開始，你試圖化解你的問題；現在，「你」消失了——因為就根本來說，「你」才是問題。你和存在之間的隔闔才是需要化解的問題。

你的界限消失了；你不復存在。誰還在那裡經驗呢？

你需要無比的勇氣來捨棄自我而成道。你會需要百萬倍的勇氣來捨棄自己而超越——而這個超越就是實相。

# 第2章 意義的追尋

生命不斷地進行。它不是一樣靜止的東西，它是一個流動的過程。

除了生活，除了活生生地生活，和它一起流動以外，沒有任何其他方法可以成就生命了。

如果你試圖在某些教義、某些哲學、某些理論中尋找生命的意義，

這種方式注定會讓你錯過生命以及它的意義。

生命並不在某個地方等著你；它就發生在你身上。

它不是某個未來需要達成的目標；它就在此時此地，這個片刻裡——在你的呼吸

裡，在你的血液裡循環著，在你的心裡跳動著。

問題　我想要的是什麼？

沒有人真的知道，因為甚至沒有人覺知到自己是誰。這個「想要」的問題是次要的；最根本的問題是：你是誰？唯有從這裡開始，事情才會變得清楚——你的欲望、你的渴求、你的野心才會變得清楚明確。

如果你是一個自我，那麼你當然會想要錢、想要權勢、想要地位。然後你的人生會有一種政治性的結構。你會不斷地與他人鬥爭，你會競爭——野心意味著競爭。你會一直緊掐著別人的喉嚨，別人也會一直緊掐著你的喉嚨。於是生命會變成如達爾文所說的：適者生存。事實上，他用「適者」這個字眼是不對的。他所謂的適者，它真正的意思是指那些最奸詐的、最獸性的、最頑固的、最醜陋的。達爾文不會說佛陀、耶穌或蘇格拉底（希臘哲學的奠基者，被法庭以不信神及敗壞青年思想的罪名判處死刑）是「適者」。這些人很輕易地被殺害了，而殺掉他們的人活下來了。耶穌無法活下來，所以照達爾文的說法，耶穌不是「適者」。彼拉多（Pontius Pilate，判耶穌死刑的羅馬總督）遠比耶穌更是一個「適者」，更符合正軌。蘇格拉底不是「適者」，而那些毒殺他的人、指責他該死的人才是。達爾文使用「適者」這個字眼是不恰當的。

如果你生活在自我之中，那麼你的生命會是一場奮鬥；它會是暴力的、侵略性的。你會為他人帶來痛苦，也為會自己帶來不幸，因為一個充滿衝突的生命不可能有別的可能性。所以它完全依你——你是誰——而決定。

如果你是自我，你依然透過自我來看待自己，那麼你會有一種腐臭的品質。或者，如果你開始了解你不是自我，那麼你的生命會開始擁有一種芬芳。如果你不認識自己，那麼你就只是無意識地過著日子而已，而一種無意識的生活只會充滿了誤解。你或許傾聽過佛陀，你或許傾聽過我，你或許傾聽過耶穌，但是你會根據自己的無意識來詮釋我們的話語——你會**誤解**。

基督教是對耶穌錯誤的詮釋，就如同佛教是對佛陀錯誤的詮釋，而耆那教是對馬哈維亞錯誤的詮釋。所有這些宗教都是錯誤的詮釋與扭曲，因為那些跟隨佛陀、馬哈維亞和克里虛那的人，他們都是毫無覺知的普通人。不論他們做些什麼，他們都會保留下文字而扼殺了其中的靈魂。

有一個哲學家在公園裡散步，他看到有一個人以蓮花座的姿勢坐著，眼睛睜開，看著地面。這個哲學家看到這個人全神貫注地往下方凝視。在看了他老半天後，這個哲學家忍不住了，他跑去問這個奇怪的傢伙說：「你在看什麼？你在做什麼？」

那個人視線動也不動地回答：「我在遵循禪宗的傳統，無為的靜坐，當春天來臨，草木會自行生長。我在試著觀察草木的生長，但是它一點也沒有成長！」

觀看草木的生長是沒有必要的——但總是會有這種事情發生。耶穌說了某一件事情，人們聽到了，但是他們只聽到字句，他們根據自己的意思來詮釋這些字句。

有個母親帶她的兒子去看精神科醫生，她花了至少三個小時的時間，告訴這個醫生關於她兒子的一切。精神科醫生感到疲倦，厭煩了，但是這個女人是如此熱切地談論著，她不讓醫生有任何阻止她的機會。她一句接一句地講個不停。

到最後，精神科醫生終於說：「拜託你，停下來！讓我問你兒子一點事情。」

他問兒子說：「你媽抱怨你不傾聽她所說的事情。你的聽力有問題嗎？」

兒子說：「不，我的聽力一點問題也沒有，我的耳朵完全沒問題，但是至於傾聽這回事，現在，你可以自己判斷。你能夠傾聽我媽說話嗎？我聽得見；我一定得聽。我一直在觀察你，甚至連你都坐立不安。聽是一定得聽。但就傾聽而言，至少我有著是否要傾聽的自由。要不要傾聽，這是由我決定的。如果她對我大吼大叫，無可避免地，我一定會聽到，但是傾聽則是完全不同的一回事。」

你聽見了，但你並沒有傾聽，而到處充斥著各種的扭曲。人們不斷重複這些話語，卻完全不知道他們在重複些什麼。

你問我：「我想要的是什麼？」這應該由我來問你，而不是由你來問我，因為它由你的狀態來決定。如果你認同身體，那麼你想要的也會有所不同；食物和性會是你唯一想要的事物，是你僅有的欲望。這兩者是動物性的欲望，是最底層的部分。記住，當我說它們是最底層的部分時，我並不是在譴責它們，我也不是在批評它們。我只是說出一個事實：它們是階梯裡最底層的一部分。如果你認同頭腦，那麼你的欲望會非常不一樣：音樂、舞蹈、詩，還有上千萬種不同的東西……

身體是有限的；它所關注的事物非常簡單：食物和性。它像鐘擺一樣在食物和性這兩者之間來回擺盪，就身體而言，再也沒有別的事物了。但是如果你認同頭腦，頭腦擁有許多面向。你或許會對哲學感興趣，你或許會對科學感興趣，你或許會對宗教感興趣——你可能會對許許多多想像得到的東西感興趣。

如果你認同心，那你的欲望會有一種較高的品質，比頭腦還更高一些。你會變得更富有美感、更敏感、更清醒、更有愛。頭腦是侵略性的；心是接受性的。頭腦是男性的；心是女性的。頭腦是邏輯；心是愛。

所以這完全看你停滯在哪裡而定：身體、頭腦、心。這三者是人類運作向度裡最重要的三個部分。但是你的內在還有第四個部分；在東方，它被稱為「第四境」(turiya)。

「第四境」純粹意味著「第四」，那個屬於超越的向度。如果你覺知到自己的超越性，那麼所有的欲望都會消失。然後一個人就只是存在著，沒有任何欲望，沒有任何要求，沒有任何需要滿足的。沒有未來，也沒有過去。一個人就只是活在當下這一刻，全然地滿足、盈滿。在這第四個向度裡，你的千瓣蓮花開始綻放；你變得具有神性。

你問我：「我想要的是什麼？」這只表示你甚至不知道自己在哪裡，不知道自己停滯在哪裡。你需要探索自己的內在——而這不會很難。如果食物和性占用了你大部分的能量，那麼它就是你所認同的。如果一些與思考有關的東西占據了你的能量，那麼就是頭腦；如果你關注的是感覺，那麼就是心。

當然，不可能是那第四個向度；否則這個問題根本不會出現！

所以，與其回答你的問題，我想問一問：你在哪裡。探索它！

有三隻豬走進一家酒吧。第一隻豬點了一杯飲料，然後詢問洗手間怎麼走。第二隻豬點了一杯飲料，然後也詢問洗手間怎麼走。然後第三隻豬走到吧台，點了一杯飲料。

酒保輕蔑的問：「你不想問洗手間怎麼走嗎？」

小豬回答說：「不！我會這樣『夠、夠、夠（wee,wee,wee）……地一路尿回家！』」

（譯註：這是一段類似「大拇哥，二拇弟，中三娘，四小弟……」的手指遊戲童謠。「wee wee wee」形容豬叫聲，但wee也有「尿」的意思。小豬是說牠要一路尿回家。）

我應該問你：「你在哪裡？」你認同的是什麼？你停滯在哪裡？唯有如此，事情才會變得清楚——而這並不困難。

但是人們一次又一次地提出某些美麗的問題，特別是印度人。他們或許停滯在性中心，但他們會問關於「三摩地（samadhi）」的事。他們會問：「什麼是『無餘依三摩地（nirvikalpa samadhi）』？是指所有的思想都消失，那種無思想的意識？那是什麼？什麼是『完美的三摩地（nirbeej samadhi）』？那是沒有任何種子，連所有未來的種子都燃燒殆盡嗎？什麼是最終境界？是指一個人不用再回到這世上，不用再回到子宮，不用再回到生命裡來？」他們問的這些都是愚蠢的問題；這些不是他們自己的問題。他們一點也不關心自己真實的狀況。他們提出的只是美麗的問題，形而上、難以理解的問題，好顯示他們是更高等的存在；顯示他們知道這些經典，他們是博學的、他們是求道者；他們不是什麼普通人，他們是特別的、具有宗教性的人。而這種情況把印度人搞得越來越混亂。

問一些和你切身相關的事情，這總是比問一些與你無關的事情要好。人們問我神是否存在，他們甚至連自己是否存在都不知道！

所以最好問一些實際的問題，因為這麼一來，它才會對你有益。如果你感染了普通的感冒，但卻跑去問醫生關於癌症的問題……因為一個像你這樣的人，怎麼能夠被普通感冒這麼平凡的疾病所困擾呢？每一個普通人都會被普通感冒所困擾，所以它叫做**普通**感冒。而你這麼不平凡的人——你不是那些張三李四。你是如此特別，你必然是因為某種特別的原因而感到困擾，所以你問了關於癌症的事。如果那個醫生試著治療你的癌症，你的麻煩會更大——他的治療不會適合你。它只會在你身上製造更多的併發症，那些藥物很可能會害死你，因為它們沒有目標可以發揮作用；你身上沒有癌症，而它們又對治療感冒毫無用處。

事實上，沒有任何藥物能夠治療普通感冒。如果你吃藥，普通感冒會病上七天；如果你不吃藥，它也會病上一個星期！事實上，它是如此的平常，所以醫學對它沒有任何興趣。誰會在乎這種小事呢？人們關心的是登陸月球，至於這些小事——普通感冒或原子筆漏水——誰在乎呢？原子筆還在繼續漏水！人類都已經登陸月球了，卻還無法製造出百分之百不漏油墨的原子筆。

就是向內看。你的問題到底在哪裡？

有一個將軍去戰地醫院訪察。他問一個久病的士兵說：「你怎麼了？」

士兵回答：「長官，我長了瘡。」

「他們怎麼治療你？」

「他們用棉花棒幫我擦上碘酒。」

將軍問：「有用嗎？」

士兵回答：「是的，長官！」

然後將軍走向下一床，發現這個人得了痔瘡。他也是用棉花棒擦碘酒；這招管用，而他沒有什麼別的願望。將軍問第三床的士兵說：「你怎麼了？」

「長官，我扁桃腺發炎。我也是用棉花棒擦碘酒；是的，它有效。」

將軍關心的問：「有什麼你想要的嗎？」

這個士兵回答：「是的，長官！我希望自己能夠是第一個擦碘酒的人。」

首先，你需要看看自己的情況，看看自己在哪裡；唯有如此，你才能清楚表達你想要什麼。如果你在那兩個傢伙之後擦碘酒——其中一個長了瘡，另一個長了痔瘡——而你只是扁桃腺發炎，那麼問題已經很清楚了！

探索，看一看你究竟在什麼地方。對我來說，所有的欲望都是純粹的浪費，所有的渴求都是錯的。但是如果你認同身體，我就無法對你這樣說，因為這對你來說，太遙不可及了。如果你認同身體的話，我會讓你稍微去尋求較高層次的欲望，那就是頭腦的欲望，然後再稍微高一點，那是心的欲望，然後最終來到無欲的狀態。

從來沒有任何欲望能夠被滿足。這是科學之道與奧祕之道的區別。科學試圖滿足你的欲望，當然，科學已經成功地完成許多事情，但是人類還是一樣痛苦。神祕家試圖喚醒你，讓你有所領悟，讓你看到所有的欲望根本就是無法被滿足的。

一個人需要超越所有的欲望；唯有如此他才能夠感到滿足。

滿足並非來自於欲望的實現，因為欲望是無法被滿足的。每當你實現一個欲望時，你會發現又有一千零一個欲望出現。每一個欲望都會衍生出更多新的欲望。它一再又一再的發生，然後你的一生就此耗費了。

那些真正了解的人，那些真正看透的人——諸佛，以及那些覺醒者——都同意這一點。這不是什麼哲學性的事情，這是事實，這是內在世界的事實：唯有當所有的欲望都被放掉時，滿足才會發生。當欲望消失時，滿足會從你的內在升起——就從欲望消失之處。事實上，欲望的不存在就是一種滿足，就是完滿、成果與綻放。

所以，從低階層次的欲望移動來到高階層次的欲望，從較為粗糙的欲望來到較為精細的欲望，然後來到最微妙的向度，因為從這最微妙的向度跳脫來到無欲是比較容易的。而無欲就是涅槃(nirvana)。

涅槃有兩種意義。這個字眼是最優美的字眼之一；任何語言都應該以這個字眼為傲。它有兩個意義，但這兩個意義就像同一個銅板的兩面。其中一個意義指的是自我的結束，另一個意義指的是所有欲望的結束。而它們是同時發生的。就本質來說，自我與欲望是並存的，它們是密不可分的。當自我死去時，欲望也就消失了，反之亦然：當欲望被超越時，自我也就被超越了。一個人變得無欲、無我，知曉那最終的喜樂，知曉那永恆的喜悅。

## 問題 活著有任何意義嗎？

人們被各種傳統以一種精神分裂的方式所帶大。這有助於那些傳統在各方面分化、分裂人們，並在分裂之中製造衝突。如此一來，人們變得虛弱、不安、恐懼、準備屈服、投降；準備讓教士、政客或任何人來奴役他。

這個問題也是來自於一個精神分裂的頭腦。對你來說，這會有一點難以理解，因為你可能從來沒有這樣想過，這種把結果與方法加以區分的方式，基本上就是一種在人們身上製造分裂的策略。

活著有任何意義、任何目的、任何結果、任何價值嗎？這就是你所提出的問題。有什麼結果需要透過生命、生活來達成的嗎？藉由生活，你會在未來某天到達何處嗎？生活是一個手段、方法。而目標、成就與某個遙遠的地方，則是目的。這個目的讓事情變得有意義。如果沒有目的，那麼生命當然也就沒有了意義；然後你需要神來讓你的生活是有意義的。他們首先把結果與方法區別成兩個不同的東西。這分化、分裂你的心智。

你的頭腦總是在追問，為什麼？為了什麼？任何無助於回答「為什麼」這個問題的事情，你都會開始覺得它們是毫無價值的。愛就是因此而變得毫無價值。愛有什麼意義呢？它能帶領你到達任何地方嗎？愛能夠有什麼樣的成就呢？你能夠到達某個烏托邦、某個天堂嗎？

當然，從這種角度來說，愛是沒有意義的。它是完全無意義的。

美有什麼意義呢？你觀賞夕陽——你感到震驚，它是如此的美，但是隨便哪個白痴都可以問你：「它有什麼意義嗎？」而你沒有答案。如果它沒有意義的話，你為什麼還要不必要地誇耀那份美呢？

一朵美麗的花，一幅美麗的畫，一段美好的音樂，一首優美的詩——它們沒有任何意義。它們無法用來證明任何事情；它們也不是達成任何目的的手段和方法。

然而，生活卻是由這些沒有意義的東西所組成的。

讓我重述一遍：生命是由這些毫無目的，毫無意義的東西所組成的——某種程度來說，它們沒有任何目的，它們無法帶領你到任何地方，你也無法從它們那裡獲得任何事物。

換句話說，生命本身就是重要而有意義的。它的方法和結果是並存的，而不是有所區別的。

但是，這是一直以來所有渴求權力的人所用的策略。他們說，結果是結果，方法是方法。方法之所以有用，因為它能夠帶你達成目的。如果它無法帶你達成任何目的、結果，它就是無意義的。透過這種方式，他們摧毀了所有真正重要的事物，而把那些完全不重要的事物加諸在你身上。

金錢是有意義的。政治生涯是有意義的。成為宗教的一員是有意義的，因為那是讓你通往天堂、通往神的方法。生意是有意義的，因為你馬上就可以看到結果。生意變得重要，政治變得重要，宗教變得重要，而詩、音樂、舞蹈、愛、友誼、美以及真理，這些事物都從你的生命裡消失了。這是一個簡單的策略，但是它摧毀了所有讓你富有意義，並且為你的存在帶來喜悅的事物。不過，一個精神分裂的頭腦會問：「喜悅有什麼意義嗎？」

人們問過我，有上百個人曾經問過我：「靜心有什麼意義？我們能夠從中得到什麼嗎？首先，它很難達成——然後，就算我們達成了，最後的結果是什麼呢？」

我很難向這些人解釋，靜心它本身就是結果。在那之後，沒有其他的結果了。

不論任何事物，如果它有著自身以外其他的結果，那麼它是針對那些平庸的頭腦。不論任何事物，如果它自身的存在就是結果，它是針對那些真正有智慧的人。你會看到那些平庸之輩變成一國的總統，一國的首相；他們成為全國首富，成為教宗，成為宗教領袖。但是這些都是平庸之輩；他們唯一的資格就是他們的平庸。他們是三流的，基本上他們是精神分裂的。他們把他們的生命分裂成兩個向度：結果和方法。

我的道路是全然不同的：我要你成為一個單獨的整體。

所以我要你只為了生命本身的緣故而生活。

詩人們曾經為藝術做出定義，藝術只為它本身的緣故而存在，沒有其他的目的了。「為了藝術而藝術」這一點也不吸引那些平庸之輩，因為他們以金錢、地位和權力來判斷事物的價值。你的詩能夠讓你變成一國的首相嗎？如果可以的話，它才是有意義的。但是事實上，你的詩只會讓你成為乞丐，因為誰會花錢買你的詩呢？

我認識各種才華洋溢的人士，他們都過得像乞丐一樣，理由很簡單，因為他們不接受平庸的生活方式，他們不允許自己變得精神分裂。他們活生生地**活**著——當然他們有著政客所無法了解的喜悅，他們有著一種億萬富翁也無法了解的光彩。他們的心有著某種特定的韻律，而這是那些所謂的宗教人士無法了解的部分。但是就外在而言，社會讓他們生活得像乞丐一樣。

我要你們記住一位畫家，他或許是最偉大的畫家，梵谷。他的父親要他成為神職人員，過一種為人敬重、舒適而方便的生活——不只在這個世間，也在死後的世界裡。但是梵谷想要當畫家。他的父親說：「你瘋了！」

他說：「這很有可能。對我來說，瘋的是你。我看不出來成為神職人員有什麼意義，因為我所說的一切都只會是謊言。我不知道神。我不知道有沒有天堂或地獄。我也不知道人死亡後是否有生命。我只會一直說謊。當然那會讓我受人尊敬，但是那種尊敬不適合我。我不會因此而感到開心；那只會折磨我的靈魂。」他的父親把他趕出家門。

他開始畫畫——他是第一位現代畫家。你可以用梵谷作為分界：在他之前的繪畫是平凡的。就連最偉大的畫家，像是米開朗基羅，他的重要性也不及梵谷，因為他們的畫是普通的。他們的畫是為了商業而存在的。米開朗基羅終身都在為教會而作畫；在教堂的牆壁與天花板上。他為了繪製教堂的天花板而跌斷了脊椎，因為在繪製天花板的時候，你必須躺在一個高台上。這是一個很不舒服的姿勢，然後經年累月……但他賺到了錢，也賺到了尊敬。他繪製天使、基督、創世紀。他最著名的畫作就是〈創世紀〉。

但是梵谷開啟了一個全新的向度。他一生不曾賣出一幅畫。有誰會說他的畫是有意義的？沒有任何人能夠看懂他的畫。他的弟弟常常會給他一些錢；而那些錢只足以讓他不至於餓死，讓他有錢購買每週的食物——因為如果他給了梵谷一個月的錢，那麼梵谷會在兩三天內全部用完，然後在剩餘的日子裡餓肚子。所以他每個禮拜都會送錢給他。

而梵谷的做法是，一星期裡有四天他會吃飯，而至於這四天之間的三天，他會把錢存起來買顏料和畫布。這和米開朗基羅的情況完全不同，他賺取到足夠的錢，還成為一個富翁。他賣掉了所有的畫。那些繪畫是用來販賣的；那是一種生意。當然，他是個不得了的畫家，所以即使他用來販賣的繪畫也很美。但是如果他有梵谷的膽識，他會使整個世界變得更為豐富。

三天不吃飯，然後梵谷會拿這些飯錢去買顏料和畫布。他的弟弟聽說他一幅畫都沒有賣掉，就拿錢給一個人——一個不認識梵谷的朋友——讓他至少向梵谷買一幅畫：「那會讓他開心一點。這個可憐的人快死了；他整天都在繪畫，他為了繪畫而挨餓，但是連一幅畫都賣不出去——因為沒有人看得懂他的畫。」因為要能夠看懂梵谷的畫，你需要擁有一雙和梵谷同樣水準的畫家之眼；否則你是辦不到的。

他的畫對人們來說非常的奇怪。他的樹畫得很高，它們比星星還高；那些星辰被遠遠地拋在後面。你會認為這個人瘋了……樹木長得比星辰還高？你在任何地方看過這種樹嗎？當梵谷被問到：「你的樹總是比星辰還高？」他說：「對，因為我了解樹木。我總是覺得，樹木是大地想要碰觸到星辰的野心。不然會是什麼理由呢？去接觸到那些星辰，去感覺那些星辰，去超越那些星辰——這是大地的渴望。大地很努力地嘗試，但卻無法滿足這個欲望。我可以做得到。大地會了解我的繪畫，我才不在意你，你懂不懂都無所謂。」

所以，這種畫是賣不出去的。後來他弟弟派的人來了，梵谷很高興：至少有人來買畫了！但是他的高興很快就變成絕望，因為那個人走進來，拿起一幅畫，然後就要付他錢。

梵谷說：「但是你了解這幅畫嗎？你選得這麼隨便，連看都不看；我有幾百幅畫。你甚至不曾費心去看看它們；你只是隨手拿起剛好放在你面前的一幅畫。我懷疑你是我弟弟派來的。把畫放回去，把你的錢拿走。我不會把畫賣給一個不懂得欣賞的人。還有告訴我弟弟，不要再做這種事了。」

那個人很疑惑，他想不通梵谷是怎麼發現的。他說：「你不認識我，你是怎麼知道的？」

他說：「事情很簡單。我知道我弟弟想要給我一些安慰。你必然是他安排過來的，而這些錢也是他的──因為我看得出來，就繪畫而言，你是個瞎子。而我不是一個會把畫賣給瞎子的人；我不能剝削一個盲人而把畫賣給他。因為他要拿這幅畫怎麼辦呢？還有，告訴我弟弟，他也不了解繪畫，不然他不會叫你來。」

他的弟弟知道以後，來向梵谷道歉。他說：「我不但沒有帶給你任何安慰，反而傷害了你。我再也不會做這種事了。」

終其一生，梵谷的畫都是送給朋友的。他會把畫送給那家他一個星期拜訪四天的餐廳，或是送給一個曾經說他不是個美男子的妓女。這是事實，梵谷長得很醜。沒有任何一個女人曾經愛上他；那是不可能的事。這個妓女出於慈悲——有時候妓女比你們所謂的淑女更有慈悲心，她們更為了解男人——出於她的慈悲，她對梵谷說：「我很喜歡你。」他從來沒有聽過這句話。愛是如此遙不可及。就連喜歡……

他說：「真的？妳喜歡我？妳喜歡我什麼呢？」這下子，那個女人說不出話來了。

她說：「我喜歡你的耳朵。你的耳朵很美。」你會很驚訝梵谷的行為，他回家以後，用刮鬍刀割下耳朵，包裝得漂漂亮亮，然後他把耳朵送給那個妓女。而他耳朵上的血還在流著……

她說：「你做了什麼？」

他說：「從來沒有任何人喜歡我的任何一點。而我是個窮人，我要如何感謝妳呢？既然妳喜歡我的耳朵；我就把它們送給妳。如果妳喜歡我的眼睛，我會把我的眼睛送給妳。如果妳喜歡我，我願意為妳而死。」

那個妓女沒有辦法想像會有這種事情發生。但是這是第一次梵谷覺得快樂，且微笑著；有人至少喜歡他的某一部分。而那個女人的話語只是玩笑的話語——不然誰在乎你的耳朵呢？如果人們喜歡些什麼，他們會喜歡你的眼睛，他們會喜歡你的鼻子或你的嘴唇——你不會聽到情人談到彼此的耳朵。

只有古代印度的性學經典，筏磋衍那（Vatsayana）的《愛經》（*Kamasurtras*）……在我所有看過的書裡，只有這一本可能和梵谷這件事有些關聯，因為只有筏磋衍那說：「只有極為少數的人注意到耳垂是身體上極其性感且敏感的部位。情人應該戲耍彼此的耳垂。」

所以或許這個妓女意識到這一點……因為妓女會察覺到許多一般男女不會察覺到的事情，因為她們接觸過許多人。或許她注意到耳朵對於性的重要。而它們也確實如此。筏磋衍那是最偉大的專家之一。佛洛伊德和靄理士（Havelock Ellis 1859-1939，英國著名的性學權威）以及其他的性學專家在筏磋衍那面前都只是侏儒。當筏磋衍那提出某些言論時，他是認真的。

梵谷一生都非常貧困。他是死於繪畫的。在他死前，他就瘋了，因為當時他花了一年的時間不斷地在畫著太陽：上百幅畫，但是沒有任何一幅達到他想要的效果。他整天都待在法國最熱的地方，亞爾（Arles），頭上頂著豔陽——因為如果沒有親身經驗，你要怎麼畫畫呢？他畫出了最後一幅畫，但是他瘋了。光是那個熱度、那個飢渴……但是他感到極度的快樂；就連在瘋狂當中，他還是在畫畫。而那些他在瘋人院裡所畫的畫，現在已經價值上千萬。

梵谷自殺的理由很簡單，因為他已經畫完了所有他想畫的。現在繪畫已經結束了；他已經走到了盡頭。再也沒有什麼好做的了。現在，繼續活著只是占用空間，占用某人的空間；這對他來說是醜陋的一件事。

在他寫給弟弟的信裡，他這樣說：「我的工作已經完成了。我盡情地活過——按照我想要的生活方式。我畫了我想畫的。今天我畫完了我的最後一幅畫，而現在我要從生命跳入未知，不論那是什麼。因為生命對我來說，已經不再有任何意義了。」

你會認為這個人是天才嗎？你會認為這個人聰明而有智慧嗎？不，一般說來你只會認為他是個瘋子。但我不會這麼說。他的生命和他的繪畫不是不同的兩回事：繪畫是他的生命；那就是他的生命。所以對全世界來說那是自殺——但是對我來說不是。對我來說，那只是一個自然的結束。繪畫完成了。生命圓滿了。再也沒有其他的目的；不論他是否獲得諾貝爾獎，也不論是否有人欣賞他的畫，這些都毫無意義。

在他有生之年，沒有人欣賞他的作品。在他有生之年，沒有藝廊願意接受他的畫，即使是免費。在他死後，慢慢地，由於他的犧牲，繪畫的風味全然改變了。沒有梵谷的話，就不會有畢卡索。所有在梵谷之後所出現的畫家都應該感謝他，因為這個人改變了繪畫的方向。

慢慢地，慢慢地，隨著方向的改變，人們開始注意到他的畫。他們展開一場大搜索。過去，人們把他的畫扔在空房子裡或地下室裡，認為它們毫無用處。現在，他們衝進地下室，找出他的畫，把它們清理乾淨。甚至連贗品也開始出現在市場上。現在梵谷的畫只有兩百多幅；但是他必然畫了幾千幅畫。任何一個擁有梵谷圖畫的藝廊都非常自豪，因為這個人把他的整個生命都傾注在畫裡。那些畫不是用顏料所繪製的，而是用他的血、用他的呼吸所繪製的——他的心跳就在其中。

不要問一個這樣的人：「你的畫裡有什麼意義？」他就存在於他的繪畫裡，而你還問他：「你的畫有什麼意義？」如果你看不出其中的意義，那是你的問題。

當事物所擁有的境界越高時，能夠欣賞的人就越少。而當事物到達巔峰時，你很難找到懂得欣賞的人。到最後，只有這個人自己了解發生在他身上的事情；他甚至找不到第二個能夠了解的人。那就是為什麼一個佛必須聲明他自己的成道。因為沒有人能夠認知到這一點，因為要能夠認知出某件事情，你需要對它有所體會。否則你怎麼能夠認得出來呢？沒有人能夠認得出來，因為它是如此的巔峰。

但是，成佛有什麼意義嗎？成道有什麼意義嗎？為了什麼呢？如果你要問為什麼的話，不為什麼。因為它本身就已經足夠了。它不需要任何其他事物來讓它變得有意義。

這就是我的意思，生命中真正有價值的事物，它們的結果和方法是沒有區別的。結果就是方法，方法就是結果——它們就像是一個銅板的兩面，密不可分地結合在一起——事實上，它們是一體，是一個整體。

你問我：「生命有任何意義、活著有任何意義嗎？」很抱歉，如果我說生命是沒有意義的話，你會以為這表示你應該自殺，因為要是活著是沒有意義的話，你還能做什麼呢？——自殺吧！我並不要你自殺，因為自殺也沒有意義。

活著的時候：活，並且全然地活。死亡的時候：死，並且全然的死。然後你會在這個全然之中找到重要性（significance）。

我故意不用「意義」（meaning）這個字眼，而用「重要性」（significance）這個字眼，因為「意義」這個字眼已經被污染了。「意義」這個字眼——它總是指向某個其他地方。你小時候一定聽過、看過許多故事……為什麼會有這些故事被寫出來給小孩呢？——或許那些作者自己也不知道，但它們也是一種剝削人性的方法。

有一個這樣的故事：有一個人的生命在一隻鸚鵡身上。如果你殺了那隻鸚鵡，那個人也會被殺死，但是你無法直接殺了那個人。你可以拿槍射他，但是不會發生任何事情。你可以揮劍削過他的脖子，但是他的頭還是一樣連接在身體上。你殺不了那個人——除非，你找到他的生命在哪裡。所以，在這種故事裡，那個人的生命總是在別的地方。當你找到它在哪裡以後，只要殺了那隻鸚鵡，不管那個人在哪裡，他都會立刻死掉。

甚至當我還是個孩子的時候，我就常常問老師：「這種故事聽起來很蠢，因為我沒有看過誰的生命是在鸚鵡身上，或是在狗身上，或是在別的東西身上，像是樹的身上。」那是我第一次聽到這個故事，這類型的故事；後來我又看到很多次。它們是特別給孩子們看的故事。

當時教導我的老師是一個很好、很受人敬重的紳士。我問他：「可以告訴我你的生命在哪裡嗎？因為我想試試看……」

他說：「你是什麼意思？」

我說：「我想殺了那隻身上擁有你生命的鳥。你是個聰明人，既有智慧又受人尊敬。你一定把你的生命放在某個地方，好讓別人無法殺你。」

這就是這種故事的意思：聰明人把他們的生命留在其他某個地方，所以你沒有辦法殺掉他們，沒有人能夠殺掉他們。而且沒有人能夠找出保存他們生命的地方，除非他們告訴你這個祕密，否則沒有人能夠知道。這個世界這麼巨大，有這麼多的人和這麼多的動物，這麼多的鳥，這麼多的樹木……沒有人能夠知道別人把生命保留在什麼地方。

「你是一個有智慧的人，受人敬重，你必然把你的生命保藏在某個地方；你可以私下告訴我。我不會真的殺掉那隻鳥；我只會稍微扭曲牠、掐牠，然後看看你會發生什麼事情。」

他說：「你真是一個奇怪的孩子。我一輩子都在教導這個故事，而你想要稍微扭曲我、掐我!?這不過是個故事而已！」

但我說：「這個故事的重點在哪裡？你為什麼要一直教孩子們這個故事和這一類的東西呢？」

他回答不出來。我問我父親：「這個故事有什麼意思嗎？為什麼人們會教這種東西，這種完全荒謬的東西？」

他說：「如果你的老師回答不出來，我怎麼回答得出來呢？我不知道。他受過更多教育、更聰明、更有智慧。你去騷擾他，別來騷擾我。」

但是現在我知道那些故事的意義何在，還有為什麼要教孩子們那些故事了。一旦那些故事進入無意識，孩子就會開始認為生命總是在別的地方——在天堂裡，在神那裡，永遠在別的地方——它不在你身上。你是空的，只是個空殼。你此時此地的生活是毫無意義的。你在這裡只是一個工具，一個梯子。如果你從梯子往上爬，或許有一天你會找到你的生命、你的神、你的目標、你的結果、你的意義，不管你怎麼稱呼它都可以。

但是我告訴你，你本身就是意義，你本身就是重要的。就本質而言，生命本身就是完整的。生命不需要再添加其他任何事物了。

生命唯一需要的就是你全然地去活。

如果你只是局部地活著，那麼你將感覺不到生命的悸動。

這就像是某個機械只有局部在運作著……比如說在一個時鐘裡：如果只有秒針在作用，而時針和分針都毫無作用的話，它有什麼用途呢？它是在移動，它的某部分在作用，但是除非它整個都在運作，而且是和諧的運作，否則它是無法歌唱的。

而目前的情況正是如此：每個人都只是局部地活著，非常小的一部分。所以你發出噪音，卻無法創造出一首歌。你移動你的手和腳，但是卻不曾產生舞蹈。只有當你整體和諧地運作時，那些舞蹈、歌曲與重要性才會真正的發生。然後你就不會提出這樣一個問題：「活著有任何意義嗎？」因為你已經知道了。

生命本身就是有意義的。沒有其他的意義了。

但是你從來不被允許是一個完整的整體。你被分裂、切割成不同的部分。有些部分被封閉了起來，你甚至不知道它們是屬於你的。很大一部分的你被丟進地下室。很大一部分的你一直飽受譴責，所以你雖然知道它在那裡，你卻不敢接受它是你的一部分——你持續地否認它；你持續地壓抑它。

你只認識自己內在非常微小的某一片段，也就是人們稱為「良心」的部分，「良心」是一種社會性的產物，而不是某個自然的東西，那是社會在你內在所製造出來的，用來從內在控制你的東西。警察在外面，法庭在外面控制你。而良心從裡面控制你，它遠比警察和法院更有力量。

這就是為什麼就連在法庭裡，他們會先給你一部《聖經》。你以《聖經》起誓，因為法庭也知道，如果你是一個基督徒，如果你把手放在《聖經》上說：「我發誓會說出事實，說出一切真相，除了真相之外別無他物。」那麼你的良心將會強迫你說實話——因為現在你以神之名起誓了，你摸了《聖經》。如果你說謊，你遲早會下地獄。

過去，如果你被抓到了，你頂多被丟進牢裡幾個月或幾年。但是現在，你會被丟進地獄，直到永遠。就連法庭也承認，跟法庭、軍人和軍隊比起來，《聖經》要更有力量，《吉踏經》要更有力量，《古蘭經》要更有力量。

良心是人類最卑鄙的發明之一。

從孩子誕生的第一天起，我們就開始在他的內在創造出良心；有一個小小的部分會不斷譴責社會不希望你擁有的任何事物，同時不斷讚美各種社會希望你具備的事物。你不再是完整的。良心不斷地逼迫你，讓你一直必須小心翼翼——因為神在看你。所有的一舉一動，所有的想法念頭，神都在看著，所以，你最好小心點！

你甚至無法擁有思想上的自由：神在看著。神到底是哪一種類型的偷窺狂啊！祂從每間浴室的鑰匙孔裡偷看著，他甚至不讓你在浴室裡獨處！

人們一直在談論思想自由——那全是胡說八道，因為從一開始，人們就在每個孩子的內心植入了思想不自由的基礎。

他們想要控制你的思想；他們想要控制你的夢。他們想要控制你的一切。他們透過「良心」這個聰明的手段來進行。它譴責你。它不斷地告訴你：「這不對，你不應該這樣做；你遲早會感到痛苦的。」它不斷地逼迫你：「做這個，這是你該做的事；你會因此獲得報酬。」這個良心永遠不允許你是完整的。它不會允許你不受任何限制、沒有任何疆界地生活著，就好像你是全然獨立，能夠成為任何你所能夠成為的樣子。因為這麼一來，生命變得是有意義的，這麼一來，活著變得是有意義的——而且這個意義並不是來自於什麼結果，而是來自於生命本身。因為這麼一來，不論你做些什麼，那個行動本身就是你的報酬。

比如說，我現在正對你們說話著。我享受這一點。這三十五年來，我一直毫無目的地說話。這麼多的談話大可以把我變成一個總統、一個首相；要這麼做一點問題也沒有。藉由這麼多的話語，我可以完成任何事。而我得到了什麼呢？

但是，我從一開始就不是為了要得到什麼而說話——而是因為我享受。這是我的繪畫，這是我的歌，這是我的詩。當我說話時，當我感覺到交流發生時，當我看到你的眼睛陡然一亮時，當我看到你有所領悟時……它們為我帶來無比的喜悅，所以我想不出來還需要什麼其他的事物。

行動，全然地去行動，用你自己存在的每一根纖維……比如說，如果你綁住我的手，我就無法說話了，雖然手和說話沒有任何關係。我曾經試過。有一天，我跟一個和我住在一起的朋友說：「把我的兩隻手都綁起來。」

他說：「什麼？」

我說：「就是把它們綁起來，然後問我一個問題。」

他說：「我老是害怕和你住在一起，你真是瘋了。要是有人看到我綁著你的手，問你問題，而你還回答我，他們會怎麼想？」

我說：「把那些都忘掉。關上門，照我說的做。」

於是他把我的手綁在兩根柱子上，然後問了我一個問題。我嘗試了所有可能的方法，但是我的雙手被綁著；我什麼也說不出來。我只好說：「請解開我的手。」

他說：「但是我搞不懂這是在幹嘛。」

我說：「我只是在嘗試是否能夠不必用到我的手而說話。結果我辦不到。」我能拿手怎麼辦呢……如果我雙腿交疊的方式換個樣子——就像平常我在房間裡寧靜的樣子——那麼馬上有些事情會變得不對勁。我會無法說話，因為我會不自在。所以，我坐的方式，我手移動的方式，它們全都彼此習習相關。當我說話時，不是只有我的某一部分在說話，而是我的一切都投入其中。

唯有如此，你才會發現每個行動本身所具有的價值。否則你只能過著一種緊張的生活，在此處與彼處之間拉扯著，在「這裡」以及遠方的「那個」目標之間拉扯著。

虛假的宗教說：「當然，人生只是一個工具，所以你不應該全然投入；它只是一個你必須使用的梯子。它沒有什麼價值，它只是一塊墊腳石。真正重要的東西在遙遠的他方。」所以它永遠都在遠方。不論你人在哪裡，真正重要的東西永遠都在遠方。不論你人在哪裡，你總是錯過生命。

我沒有任何目標。

讀大學的時候，我常常去散步——早上、傍晚、任何時候……早上和傍晚我一定會去散步，要是別的時候有空，我也會去散步，因為那個地方、那些樹、那條路是這麼地美，而且兩邊有著大樹遮蔭，就算在最熱的夏天，路上還是有遮蔭的地方。

有一位很關愛我的教授常常會注意我：有時候我會走這條路，有時候我會走那條路。那所大學的前門有一個五角形的交叉路口，五條路指向五個方向，而他住得離那裡很近；他住在最靠近門的那一區。他問我：「你有時候在這條路上，有時在那條路上。你是去哪裡？」

我說：「我哪裡也不去。我只是在散步。」如果你到那裡去，那麼你當然會走同樣的路；但是我哪裡也不去，所以我的路線就會反覆無常。我會只是散步到交叉路口，然後在那裡停留一會兒。而這讓他更迷惑：我是怎麼決定的，我站在那裡的時候想了些什麼？

我通常是按照風吹的方向來決定。不論風往哪裡吹，我就往那邊走；那就是我的方向。

他說：「有時候同一條路你會走上一個星期；有時候某條路你只走一天，第二天就換了。你在那個路口做什麼呢？你是怎麼決定的？」

我告訴他：「很簡單。我站在那裡感覺那一條路是活的——風往那裡吹。我是跟著風走的。順著風而行走是很美的一件事。我慢跑，我跑步，不論我做什麼。而風就在那裡，涼爽，無處不在。所以我只要弄清楚風的方向就好。」

選擇讓你整個人都能夠流動的方向，風吹的方向。順著風盡可能地前進，不期待你會找到任何東西。

因此我從來不曾感到驚訝——因為我從來不曾期待任何事物，所以也沒有驚訝與否的問題。每件事情都是個驚喜！沒有失望的問題；一切都是注定的。如果它發生了，很好；如果它沒有發生，那甚至更好。

一旦你了解真正的宗教就只是時時刻刻地活在當下，那麼你就會了解為什麼我會提出放下神、放下天堂和地獄的概念，還有所有那些垃圾。就是完全放掉它們，因為這些眾多觀念所形成的重擔，正阻礙了你一個片刻接著一個片刻地生活。以一個有機整體的方式來生活。不要做任何三心兩意的行動；你應該全心全意的投入其中。

有一個禪宗的故事：

有一個很好奇的國王想知道寺院裡的人都在做些什麼。他到處詢問：「最有名的師父是誰？」當他知道當時最有名的師父是南隱禪師時，他去了他的寺院。當他走進寺院的時候，他看到一個樵夫。他問：「這個寺院這麼大，我在哪裡可以找到南隱大師？」

那個人閉上眼睛想了一下。他說：「你現在是找不到他的。」

國王說：「為什麼我現在找不到他？你有沒有搞清楚，我是這片土地的統治者。」

他說：「這些都不重要。不管你是誰，那都是你的事。但是我跟你保證，你現在找不到他。」

「他出去了嗎？」國王問。

「不，他在裡頭。」樵夫回答。

國王說：「他是不是在忙？是進行某些儀式，還是在閉關？到底怎麼回事？」

那個人說：「他現在正在你面前砍柴。當我在砍柴的時候，我只是一個樵夫。現在，南隱大師在哪裡呢？我只是一個樵夫。你需要等一等。」

國王想：「這個人瘋了，完全瘋了。南隱大師在砍柴？」他往前走，把樵夫留在後頭，而南隱繼續砍柴。冬天快來了，需要儲存很多柴火。國王可以等一等，但是冬天可不會等人。

國王等了一個小時，兩個小時——然後南隱禪師穿著他的袈裟從後門進來。國王看著他。他看起來好像是那個樵夫！……但是國王鞠躬。師父坐在那裡，他說：「你為什麼要這麼麻煩地來這裡？」

國王說：「有很多原因，不過這些問題我會稍後再問。首先我想知道，你和那個砍柴的是同一個人嗎？」

他說：「現在我是南隱大師。我不是同一個人；整個狀況都改變了。現在我是以南隱大師的身分坐在這裡。而你以一個弟子的身分，謙遜而帶著接受性的提出問題。沒錯，剛才有一個和我很像的人在那邊砍柴，但是那是一個樵夫。他的名字也叫南隱。」

國王非常迷惑，沒有提出他想問的問題就離開了。當他回到宮庭時，他的顧問問他發生了什麼事。他說：「最好忘掉發生的事情。這個南隱大師看起來完全瘋了！他當時正在砍柴；他說：『我是個樵夫，南隱大師現在沒空。』然後同一個人穿著袈裟進來，於是我問他，而他卻說：『有一個相似的人剛才在砍柴，但他是樵夫；我是大師。』」

國王宮庭裡某一個人說：「你錯過了他試著要告訴你的要點——當他砍柴的時候，他全然投入其中。沒有留下任何可以宣稱自己是南隱的東西；沒有任何保留，他就只是個樵夫。」

然而在禪宗的語言中，這是很難翻譯的，他說的不完全是「我是樵夫」。他所說的是「現在正在砍柴」。他不是一個樵夫，因為其中甚至沒有空間留給那個砍柴的人。純粹只有砍柴這件事，而他是如此全然地投入，只有砍柴這件事存在：「正在砍柴。」而當他以師父的身分前來時，當然，這是一個不同的情況。相同的各個部分現在有了不同的安排。所以如果你全然投入的話，你在每一個行動裡都是不同的人。

佛陀常說：「蠟燭的火焰看起來都是一樣的，但即使是連續的兩個片刻，火焰都是不同的。火焰不斷地變成煙，新的火焰正在出現。舊的火焰正在消失；新的火焰正在開始。你晚上所點燃的蠟燭並不是你在早上吹熄的那根蠟燭。你點燃的那簇火焰是不同的火焰；之前那個火焰已經消失了，沒有人知道它去了哪裡。只不過火焰的某種相似性讓你有了幻覺，以為它還是同樣的火焰。

你的存在也一樣。

它是一簇火焰。它是一把火。你的存在每一刻都在改變，如果你全然投入每件事情裡，那麼你會看到自己身上的變化——每一個片刻都有一個新的存在，一個新的世界，一個新的經驗。突然間一切都變得如此充滿新意，以致於你從來不會經驗到同樣的東西。然後，很自然地，生命成為一個持續不斷的奧祕，一個持續不斷的驚喜。每一步都有一個新的世界開啟，充滿了無比的意義，充滿了不可思議的狂喜。

同樣的，當死亡來臨時，你也不會把死亡和生命區分開來。它會是生命裡的一部分，而不是生命的終結。它就像是其他發生的事情一樣：愛的發生，你的誕生。你曾經是一個孩子，然後童年消失了；你變成一個青年，然後青年消失了；你變成一個老人，然後老人消失了——曾經有過多少事情發生啊！你何不讓死亡就像其他事件一樣地發生呢？

事實上，一個時時刻刻活在當下的人也會活在他的死亡裡。然後他會發現，如果把生命中的每一刻放在一邊，而把死亡的那一刻放在另一邊，死亡的分量還是會比較重。不論怎麼度量，死亡的分量都比較重，因為它是整個生命的濃縮；它添加了某種東西，而那是你從來無法擁有的。一扇新的門開啟了，伴隨著整個濃縮的生命：一個新的向度開啟了。

問題　為什麼每個人要假裝成他們不是的樣子？在這背後的心理狀態是什麼？

每個人從小就飽受譴責。所有你依照自己心意所做的事，出於自己喜好所做的事，都不為人所接受。孩子必須在人群中長大，而這群人有他們自己的觀念和理想。孩子必須配合這些觀念和理想。而孩子是無助的。你有想過這一點嗎？在整個動物世界裡，人類的孩子是最無助的幼兒。幾乎所有的動物都可以在沒有父母、群體支持的狀況下生存，但是人類的幼兒則無法生存；他會立刻死亡。他是世界上最無助的生物，如此地脆弱，如此地纖細。當然，那些掌權者可以把孩子塑造成他們想要的樣子。所以，每個人都變成現在這個樣子，反對著自己。這就是「每個人都假裝成他們不是的樣子」這件事情背後的心理狀態。

每個人都處於一種精神分裂的狀態。從來沒有任何人曾經被允許當他自己；他一直被迫去成為別人的樣子，他的本性讓他無法因此而快樂。

於是，當一個人長大，能夠獨立站在自己的雙腳上時，他會開始假裝很多東西都是屬於他內在的一部分，而這些東西也是他真正喜歡的部分。但是在這個瘋狂世界裡，你已經被搞亂了。你已經被塑造成為別人；而那不是你。你知道這一點。每個人都知道這一點——人們被迫成為一個醫生、一個工程師；人們被迫成為一個政客，成為一個罪犯，成為一個乞丐。

到處都充滿各式各樣的暴力。

在孟買，有些人的工作就是偷取幼兒，讓他們癱瘓、失明或跛腳，逼迫他們去乞討，然後每天晚上收走他們乞討所得的錢。沒錯，他們會得到一些食物，他們也會有個遮風蔽雨的地方。他們像商品一樣地被利用；他們不是人類。這是最極端的狀況，但這種類似的事情或多或少都發生在每個人身上。

沒有人能夠對自己感到自在。

我聽說，有一個很好的外科醫生要退休了，他非常的有名。他有很多學生和同僚；這些人都聚在一起，跳舞、唱歌和喝酒——但是他卻悲傷地站在一個黑暗的角落裡。

有個朋友過來找他，問他說：「你怎麼了？我們都在慶祝，而你卻站在這裡，這麼難過——難道你不想退休嗎？你已經七十五歲了；你十五年前就該退休了，但是因為你是這麼好的外科醫生，就算七十五歲了，還是沒有人比得上你，人人望塵莫及。現在，退休吧，放鬆下來！」

他說：「我就是在想這些事情。我難過是因為我的父母迫使我成為一個外科醫生。我以前想成為一個歌手，那是我所熱愛的。就算我可能只是個街頭藝人，但至少我是我自己。現在，我是世界知名的外科醫生，但我不是我自己。當人們讚美我是個多好的外科醫生時，我聽到的感覺就像是他們在讚美別人一樣。我獲得種種獎項和榮譽博士學位，但是沒有一樣東西可以讓我的心感到喜悅，因為這不是我。成為一個外科醫生已經扼殺了我、催毀了我。我只想成為一個歌手，就算我必須在街頭乞討，但是我會是快樂的。」

在這個世界上，只有一種快樂存在，那就是當你自己。但是由於沒有人是他自己，所以人人都試圖以某種方法躲在各種面具、偽裝和偽善的後面。他們為自己的樣貌感到羞恥。

我們把這個世界變成了一個市場，而不是一個人們能夠在其中開出自己花朵的美麗花園。我們強迫金盞花成為玫瑰——然而，金盞花要怎麼綻放出玫瑰呢？這些玫瑰只會是塑膠玫瑰，而金盞花的內心則會哭泣，帶著眼淚，羞愧不已：「我們沒有足夠的勇氣反抗群眾。他們強迫我們成為塑膠花，而我們擁有自己真正的花，我們的能量原本能夠因此而流動——但是，我們卻不能展現我們真正的花朵。」

你被教導過所有的事物，但是從來沒有人教導你成為你自己。這是來自於社會裡最為醜陋的一點，因為它讓每個人都感到痛苦。

我曾經聽說過另外一個優秀的人，一個優秀的文學教授，他剛剛從大學退休。所有的教授都聚在一起，他所有的朋友都聚在一起，他們在慶祝。但是他們突然發覺他不見了。他的一個朋友，一位律師，走到外面去……他或許在花園裡？但是他在那裡做什麼呢？他坐在一棵樹下。那位律師是他的好友，少年時代的朋友。那個律師問他：「你在這裡做什麼？」

他說：「我在這裡做什麼？你還記得五十年前的事嗎？當時，我告訴你我想殺了我妻子。而你說：『別做這種事。不然你會入獄五十年。』我在想，要是我沒聽你的話，今天我已經出獄，自由了！」他說：「我現在很生氣，以致於有一個欲望出現了——我為什麼不至少殺了你！我現在已經七十五歲了；就算他們要讓我入獄五十年，他們也沒有辦法把我留那麼久。不到五年或七年，我就會死亡。但是你不是我的朋友；事實證明你是我最大的敵人。」

成為你不想成為的樣子，和某個你不想在一起的人在一起，做一些你不想做的事情，這就是你所有痛苦的根源。某一方面說來，這個社會已經設法讓每個人都痛苦不已，然而另一方面說來，這同樣的社會又期待你不要表現出你的痛苦——至少不要在公眾場合裡，不要公開表達。因為這是你私人的事。然而是他們造成了你的痛苦！這其實是大眾事務，而不是私人事務。同樣的這群人，他們先製造出讓你痛苦的源頭，最後他們對你說：「你的痛苦是你自己的私事，所以你出門的時候要微笑。不要顯示你愁苦的一面。」他們把這稱為禮節、禮貌、文化。但是基本上說來，這是一種虛偽。

除非有一個人決定：「不論要付出什麼代價，我都要成為我自己。不論是受到指責、排斥還是羞辱——這些都無所謂，但是我再也無法假裝自己是另外一個人……」這樣一個決定和宣言——這樣一個自由宣言，免於群眾脅迫的宣言——會讓你的自然本性與個體性得以誕生。然後，你不再需要任何面具。然後，你可以就只是你自己，是你原本的樣子。而當你可以是你自己的那一刻時，你會深深地感受到一種「超乎常人可理解的平靜」（peace that passeth understanding，語出《聖經》腓力比書，常見中譯為：出人意料的平安）。

## 問題

過去幾年的研究顯示，藉由靜心所達成的某種意識狀態似乎會引發某種特定的腦波。現在這些腦波能夠藉由腦部電子儀器與聽覺刺激所製造出來，也可以透過生物回饋方式來加以學習。

傳統的「靜心狀態」——靜坐（或至少是安靜的警覺）是由對稱同步的阿爾法（$\alpha$）波所組成。深沉的靜心也具有對稱的西塔（$\Theta$）波。而一種稱為「明晰覺知」（lucid awareness）的狀態則包含了對稱同步的阿爾法波與深沉靜心裡的西塔波，還加上一般思考過程所擁有的貝塔（β）波。「明晰覺知」可以透過最現代化的設備如生物回饋法來學習。

對一個靜心者來說，這些類型的刺激與生物回饋法是有用的工具嗎？這些科學性的技術和超越了技巧的靜心狀態有什麼關係嗎？這是一個結合科學與靜心的例子嗎？

這是一個很複雜的問題。關於靜心，你需要了解一件最為根本的事情：那就是沒有任何技巧能夠帶來靜心。就靜心來說，過去所謂的技巧和現在科學性的生物回饋法其實是一樣的東西。

靜心不是任何技巧的副產品。靜心的發生是超越心智頭腦的。而沒有任何一種技巧可以超越心智頭腦。但是，科學界產生這樣一個嚴重的誤解，而它是有原因的。這所有誤解的原因在於，當一個人的存在進入靜心狀態時，它會在腦部創造出某種波動。而這些腦波可以藉由外在的技術所製造出來，但是這些腦波不會創造出靜心——這就是誤解所在。

靜心創造出這些腦波；這是一種心智頭腦反映出內在世界的現象。你無法看見內在發生了什麼，但是你可以看到腦部發生了什麼。現在有一些敏感的儀器……讓我們可以判斷一個人睡覺時是哪一種波動，一個人做夢時是哪一種波動，而一個人靜心時又是哪一種波動。但是你無法透過製造出這些腦波來創造出那個狀態——因為這些腦波只是一種徵兆、指標。它很好——你可以研究它們。但是記住：靜心沒有捷徑，沒有任何工具能夠有所協助。

事實上，靜心不需要任何技巧——不論科學或非科學。靜心只是一種領悟。它與靜坐不靜坐無關；它也和吟誦咒語無關。它純粹是對於頭腦微妙運作的一種領悟。一旦你了解頭腦心智的運作，你的內在會升起一種無比的覺知，而它和頭腦心智無關。這個覺知從你的存在、你的靈魂、你的意識裡升起。頭腦心智只是一種機制，當這份覺知出現時，它必然會創造出某種特定的能量形式，而頭腦心智會記錄下這種特定的能量形式。

頭腦心智是一個非常微妙的運作機制，而你是從外在進行研究——所以你頂多只能研究大腦。每當某個人寧靜、安祥與安寧時，大腦無可避免地總是會出現某種波動，這時候科學的思考會認為，如果我們能夠透過某些生物回饋方法，在大腦裡製造出這種波動，那麼一個人的內在就會達到覺知的高峰。事情不會這樣發生的。它無關於因果。

這些腦波不是靜心的「因」，事實上相反的是，它們是靜心的「果」。你沒有辦法從「果」導致「因」。你或許能夠透過生物回饋法在腦部製造出某種波動，而它們也會帶來安祥、寧靜與安寧的感覺。因為這個人並不了解何謂靜心，所以他無從比較，他會誤入歧途，認為這就是靜心——但是那不是。因為一旦生物回饋機制停止的時候，那個腦波會消失，而安祥、寧靜和安寧也會消失。

你可以用這些科學設備研習多年；它不會改變你的人格，它不會改變你的品行，它不會改變你的個體性。你不會有所改變。

靜心帶來蛻變。它引領你來到更高的意識層面，改變你的整個生活型態。它把你的反彈轉變成回應，而它所帶來的改變是令人難以置信的。同樣一個人，過去會讓他憤怒反彈的事情，現在他卻充滿了深深的慈悲和愛。

靜心是一種存在的狀態，它透過領悟而出現。它需要的是悟性，而不是技巧。

沒有任何一種技巧能夠為你帶來悟性。否則的話，我們早已把所有的白痴都轉變成天才；把所有的平庸之輩都轉變成愛因斯坦、羅素、沙特。沒有任何一種方法能夠從外在改變你的悟性，使它變得敏銳，賦予它深刻的洞察力。這純粹跟領悟有關，而這方面沒有人能夠為你做任何事情——不論任何機器，還是任何人。

長久以來，一直有一些所謂的靈性上師在欺騙世人。很快地，未來，與其是這些靈性上師在欺騙世人，欺騙世人的會是這些「上師機器」。

上師欺騙世人會說：「我會給你一個咒語。你就是反覆誦唱這個咒語。」當然，透過持續複誦某個咒語，你會創造出某種波長的能量場；但是，這個誦唸的人不會因此而有所改變，因為這只是表面的。就好像你在平靜的湖裡丟下一顆鵝卵石，然後漣漪會從一邊擴散到另外一邊，傳遍整個湖面——但是它完全不會觸及湖的深處。湖心深處不會意識到發生在表面上的事物。而你在表面上所看到的也是幻覺。你認為漣漪在移動——但這不是事實；沒有任何東西在移動。當你把石頭丟進湖裡時，移動的不是漣漪。你可以在水面上放一朵花來檢查看看。你會很驚訝地發現，花會保持停留在原處。如果波浪真的在移動，往岸邊移動，那麼波浪會把花一起帶走。但是花還在你放置的地方。移動的不是波浪；是水在原地上下起伏，創造出一種移動的幻象。湖心深處不會注意這個事件。當你製造出這些波浪時，湖的本質以及它所具有的美，不會因此有任何改變。

頭腦心智位於世界和你之間。不論這世上發生什麼事，頭腦心智都會受到影響；你可以透過頭腦心智來了解外界所發生的事。舉例來說，你此刻看著我——你沒有辦法看到**我**；是你的腦部受到光線的影響，產生一個圖像，然後你的頭腦對它有所詮釋。你在內在，你從內在看到這個圖像。不是你看到我；你沒辦法看到我。腦部是其中的媒介。當你的腦部受到外界影響時，你內在的意識可以讀取外面所發生的事。而科學家們所嘗試的也是如此：他們研究這其中的媒介，讀取它們的波長，那個由靜心所創造出來的能量場。當然，科學所採用的方法就是設立假設：如果靜心狀態下的人，毫無例外地都會出現這些波動，那麼我們就找到了關鍵；如果我們能夠在大腦裡創造出這些波動，那麼靜心就必然會在內在發生。

這就是謬誤之處。你可以在大腦中創造出那個波動，但如果這個人不懂靜心的話，他或許會感到寧靜、祥和——只要那個腦波還在的話。但是你無法欺騙一個靜心者，因為一個靜心者會注意到這些出現在腦部的波動。人的腦部是較為低階的存在，而較為低階的存在無法改變較為高階的存在。頭腦是僕人；它無法改變主人。但是你還是可以進行實驗。只是你要知道，不論是生物回饋法還是誦唱「嗡（om）」都無所謂；它們只會創造出心智上的平靜，而心智上的平靜並不是靜心。

靜心是翱翔於頭腦心智以外的。它與心智上的平靜無關。

美國有一個傑出的思想家，約書亞・列柏曼（Joshua Liebman），他寫過一本十分著名的書，《頭腦的平靜》（*Peace of Mind*）。許多年前，當我看到這本書的時候，我寫了一封信給他，我說：「如果你是個正直誠實的人，你應該從市場上收回這本書，因為根本沒有所謂『頭腦的平靜』這種事。頭腦就是問題。沒有頭腦，才會有平靜，所以何來頭腦的平靜？而任何頭腦的平靜都是假象；它只意味著噪音緩慢到某個程度，以致於你認為它是安靜的，而你沒有任何可供比較的事物。」

一個知曉靜心的人不會為任何技巧所欺騙，因為沒有任何一種技巧能夠讓你了解頭腦的運作。比如說，你覺得生氣，你覺得嫉妒，你覺得有恨意，你覺得有性欲。有任何技巧能夠幫助你擺脫生氣？擺脫嫉妒？擺脫仇恨？擺脫性欲嗎？如果這些部分持續存在著，你的生活方式只會和以往一樣。只有一條路可走——從來就沒有第二條路可言。只有一條道路，而且這條道路就是領悟憤怒是一件傻事：觀照憤怒的每一個階段，對它保持警覺，然後它不會讓你失去覺知。保持觀照，看著憤怒的每個階段，然後你會很驚訝的發現：當你對於憤怒的覺知有所成長時，憤怒也會開始消失。

而當憤怒消失時，平靜就出現了。平靜不是一種主動式的成就。當仇恨消失時，愛就出現了。愛不是一個主動式的成就。當嫉妒消失時，你對所有一切都會感到一種深沉的友善。

試著了解這一點……

但是所有的宗教都在腐化你的頭腦心智，因為它們不曾教導你如何觀照、如何了解。取而代之的是，它們告訴你這樣一個結論：「憤怒是不好的。」然而，當你譴責某樣東西的時候，你已經採取了某種批判的立場。而當你批判時，你就無法覺知。因為覺知需要的是一種不批判的態度。但是所有的宗教都教導人們批判：「這是好的，這是壞的，這是有罪，這是善良的。」好幾世紀以來，人類的頭腦心智裝滿了所有這些胡說八道。所以，對於任何事物，只要你一看到它，你的內在就會立刻開始評判。你沒有辦法只是看著它；你沒有辦法什麼都不說，讓自己純粹只是一面鏡子。

當你成為一面鏡子，一面反映出頭腦心智變化的鏡子時，領悟會自行升起。

有一個很美的故事，而它不只是個故事，它還是真實的歷史事件。

有一個佛陀的弟子即將開始他散布佛法的旅程。他來見佛陀，請求他的祝福，並且詢問佛陀是否有任何最後的訊息、最後的話語要告訴他。

佛陀說：「只要記住一件事：走路時，讓你的目光放在前方四腳掌之遠的距離，只看著你面前四腳掌之遠的地方。」從那一天起，二十五個世紀以來，佛教的僧侶都用同樣的方式行走著。這是一種用來防止你觀看女人的策略。這些弟子都是僧侶，他們都發誓保持獨身。

另一個佛陀的弟子，阿難，他不懂為什麼那個和尚的視線只能專注在前方四個腳掌之遠的距離。他問：「我想知道，這麼做的理由是什麼？」

佛陀說：「這是一種避免他觀看女人的方法，至少他不會看到女人的臉——他頂多只會看到她的腳。」

阿難說：「但是，如果那個女人有危險。比如說，她掉到井裡，正在呼救。那麼你的弟子該怎麼辦呢？他一定得看到她的臉、她的身體。」

佛陀說：「在特殊的情況下，他可以看她，但是這不是常規，這是特例。」

阿難說：「那接觸呢？萬一有女人倒在路上的話，你的弟子該怎麼做呢？他是否應該幫助她爬起來？或者有個年老的女人要過馬路時——你的弟子該怎麼做呢？」

佛陀說：「只有在一種情況下，他可以接觸女人。但是要記住，這是特例，這不是常規。如果他無法做到這一點，他就不應該允許這種特例發生。這個條件就是，他應該保持只是一面鏡子，不做任何評判或抱持任何態度。『這個女人很美』——這是一個評判。『這個女人很好看』——這是一個評判。他應該保持是一面鏡子，然後他才可以允許這種特例發生。否則，讓那個女人待在井裡；會有別人去救她。你拯救自己就好！」

佛陀的意思是：在任何情況下，當頭腦出現任何一種欲望，不論是貪婪、性欲、野心還是占有欲，靜心者都需要成為一面鏡子。而這有什麼作用呢？成為一面鏡子意味著你只是一份覺知。在這份純粹的覺知裡，頭腦無法把你拖進泥沼，帶進陰溝。在憤怒裡，在仇恨裡，在嫉妒裡，面對這樣一份覺知，頭腦是完全無能為力的。而因為頭腦的無能為力，你整個人都處於一種深沉的寧靜裡——一種「超乎常人可以理解的平靜」。

當然，這份平靜、這份寧靜、這份快樂、這份喜悅會影響到大腦。它們會在腦部創造出漣漪，它會改變腦部的波長。如果科學家研究這些腦波的形態，他會認為：「如果我們能夠利用儀器在某人身上創造出這種波動，那麼我們也就可以創造出一個佛陀所擁有的深度。」

別傻了！

你所有的科技設備或許有用，或許有些幫助。它們不會造成什麼傷害；它們會讓你嘗到一些平靜、寧靜的滋味——雖然非常地表淺，但是對於那些從來不曾經驗過平靜的人而言，這仍然有些許的意義。就像你口渴時，即使髒水看起來也變得不那麼骯髒了。當你口渴時，即使髒水也是一種福氣。

所以你可以做實驗，但是記住：它不是靜心。它只是一點些許的休息，一點些許的放鬆，它沒有什麼不好。但是，如果人們以為這就是靜心，那它就是有害了——因為這麼一來，這些人會停留在這些技術性的事物上，擁有一些表面上的寧靜，然後以為這就是一切，他們已經得到了。

這些工具可以有益於人們。但是人們應該被事先告知：「我們只是用一種機械性的方法，讓你的頭腦心智平靜下來，而頭腦的平靜不是真正的平靜——真正的平靜來自於頭腦的消失。真正的平靜無法來自於外在，只會來自於內在。而你的內在擁有創造出這個奇蹟所需的悟性與了解。」

這對那些無法放鬆、無法擁有片刻安寧、頭腦總是喋喋不休的人來說是一件好事——這些科學儀器是一種好事，這種生物回饋法是一種好事。但是他們需要被清楚告知：這並不是靜心，這只是一種幫助人們放鬆的工具，為人們帶來一些表面上的寧靜感。如果這種寧靜感創造出一種渴望，讓人們開始去尋找內在真正平靜的源頭，那麼這些科技設備就是一種支持，而使用它們的技術人員就不是一種阻礙，而是一個橋樑。

所以，你可以透過儀器讓人們有些許的體驗，但是不要給予他們錯誤的觀念，認為這就是靜心。你需要告訴他們，這些體驗只是那真實狀態的遙遠回聲；如果你想要那種真實的狀態，那麼你需要經歷一種深沉的內在探索，透徹領悟你的頭腦，覺知頭腦諸般奸巧之道，好讓你能夠把頭腦擱置一旁。這麼一來，頭腦就不再橫亙於你和存在之間，門也就開了。

靜心是喜樂最終極的經驗。它無法透過藥物而產生，它無法透過工具而產生，它也無法從外在產生。

# 第3章 自己、無我與輪迴

對我而言，你不需要相信我所說的任何一個字，
你需要的是去經驗它們。
而我所給予你的方法，就是如何去經驗它們。
讓你自己變得更為靜心。
輪迴與神，天堂與地獄都不重要。
真正重要的是你變得警覺。
靜心喚醒你，賦予你雙眼——然後不管你看到什麼，你都無法再否定它。

問題

就我看來，基督教概念裡的靈魂似乎與你所說的觀照者是一樣的意思。為什麼耶穌不曾談靈魂輪迴的可能性？這似乎是東方與西方宗教的差別。你能夠談談這件事嗎？

耶穌很清楚輪迴這回事。

福音書裡到處都有間接的暗示。前幾天，我才引用過耶穌的話語：「還沒有亞伯拉罕，就有了我。」而耶穌說過：「我將會回來。」他的話語中有一千零一處間接地提及輪迴。他很清楚這回事，但是有一些原因讓他不去談論輪迴，也不去宣揚它。

耶穌到過印度，而他看到輪迴理論所帶來的結果。在耶穌之前的五千年，印度一直教導著輪迴的理論。而它不只是個理論，它是一個事實；這個理論是有事實根據的。人有千千萬萬世。馬哈維亞、佛陀、克里虛那、拉瑪（Rama）都這麼教導著；所有印度的宗教都同意這一點。你會很驚訝的知道，除了這一點之外，他們對其他所有事情的意見都不一樣。

印度教徒相信神與靈魂。耆那教徒完全不相信神，但是他們相信靈魂。佛教徒既不相信神也不相信靈魂。但是說到輪迴，他們三者都同意——連不相信靈魂的佛教徒也同意這一點。這真是一件奇怪的事……那到底是誰在輪迴呢？連佛教徒也無法否定輪迴的現象，雖然他們否定靈魂的存在；他們說靈魂不存在，但是輪迴卻是存在的。他們很難證明沒有靈魂卻有輪迴這回事；那幾乎是不可能的。但是他們找到了一個解釋的方法——當然，那很微妙，也很難以理解，但是它看起來比較接近事實，它最接近真相。

人們很容易了解：每個人都有一個靈魂，然後當你死亡時，身體被留在世上，靈魂則進入另一個身體、另一個子宮；這是一件簡單、邏輯、如數理般的事情。但是佛陀說沒有靈魂，只有一個連續體（continuum，連續體係指任何東西未經急劇變化而逐漸從一個狀態過渡到另一個狀態）。就好像你晚上點燃了一根蠟燭，然後你早上把它吹熄——這時候有一個問題出現了：你吹滅的燭光是你前一晚所點燃的那個燭光嗎？不，它不是同一盞燭光，但是它們有著一種連貫性。當你前一晚點起蠟燭時……那個火焰已經不存在了，火焰持續不斷地消失，不斷地被新的火焰所取代。它取代的速度是如此地快，以致於你看不到其間的空隙，但是藉由尖端科學儀器，你還是可以看到那個空隙：一個火焰熄滅，另一個火焰出現；一個熄滅，另一個出現。其中必然有著微小的間隔，只是你的肉眼無法看到。

佛陀說，就像是燭火變化一樣——它持續不斷地改變，雖然某種程度來說，它是同一個火燭，因為它是同一個連續體——同樣地，你的內在並沒有一個叫做靈魂體的實體事物，而有著某種像是火焰般的連續性。它一直不斷地改變；它是一條河流。

佛陀不相信名詞，他只相信動詞，而我完全同意他。他是最接近事實的；至少就他說的話而言，他是最有深度的。

但是為什麼耶穌、摩西、穆罕默德——這三個起源於印度以外的宗教——不直接談論輪迴呢？這是有原因的，因為摩西注意到……埃及和印度一直都有接觸。有人懷疑非洲以前曾經是亞洲的一部分，後來是這塊大陸漸漸遠離。印度和埃及以往是相連的，因此它們有很多相似之處。南印度人的膚色是黑色的並不奇怪；他們的血液裡流著一部分黑人的血，他們近似黑人——雖然不完全是，但是如果非洲曾經和亞洲相連在一起，那麼亞利安人必然曾經與黑人來往過，然後南印度人就變黑了。

摩西必然對印度有很透徹的了解。你會很驚訝的知道，喀什米爾宣稱摩西和耶穌都埋葬在那裡。他們的墓在那裡——一個是摩西的，一個是耶穌的。

摩西和耶穌看到印度由於輪迴理論所變成的樣子。因為輪迴之說，印度變得非常地懶散：毫不匆忙。印度沒有時間感，即使到現在也還是沒有時間感。就算人人都帶手錶，但是還是沒有時間感。如果有人說：「我下午五點來看你。」它可以是任何一種意思。他可能會四點出現，或是六點出現，或是他根本就不出現——然後這也不算什麼大事！這不是因為他不守信用，而是因為沒有時間感！當你擁有永恆時，你怎麼會有時間感呢？當一個人擁有這麼多世的時候，為什麼需要著急呢？他大可以慢慢來；反正他遲早會在某一天出現。

輪迴理論讓印度變得非常懶散、遲鈍。它讓印度對於時間毫無意識。它讓人們不斷延宕。如果你可以拖延到明天，那麼你的今天會和之前是一樣的，因為明天永遠不會來。而印度不但知道如何拖延到明天，它還甚至拖延到下輩子。

摩西和耶穌都到過印度，他們都注意到這一點。穆罕默德沒有到過印度，但他完全清楚這一點，因為他離印度很近，而印度和阿拉伯一直都有貿易往來。所以他們決定最好告訴人們：「人只有一世，這世是唯一的機會——你的第一個也是最後一個機會——如果你錯過了，你就永遠錯過了。」這是一種用來創造出強烈渴求的方法，它在人們身上創造出如此強烈的渴望，以致於他們可以輕易地有所蛻變。

然後，問題出現了：難道馬哈維亞、佛陀和克里虛那沒有覺知到這一點嗎？難道他們沒有意識到輪迴之說會帶來懶散嗎？他們嘗試的是一種全然不同的方法。而每種方法都有它自己的時機；一旦它被運用過，它就無法一直不斷地用下去。因為人們已經對它習以為常。

當佛陀、馬哈維亞和克里虛那嘗試使用輪迴這個方法時，他們是從一個完全不同的角度來使用的。當時，印度是一個非常富裕的國家。它被認為是世界上最富有的黃金國度。而在一個富裕的國家理，真正的問題、最大的問題是無聊。而現在這一點也發生在西方世界，所有西化的國家都有同樣的情形。無聊變成他們最大的問題。人們無聊到極點，無聊到他們想要死亡。

克里虛那、馬哈維亞和佛陀利用這個情況。他們告訴人們：「這不算什麼，一輩子的無聊不算什麼。你活過許多世——記住，如果你不傾聽的話，你還要再活上許許多多世；你會一次、一次又一次地無聊下去。同樣的生死之輪會持續不斷地運轉。」

他們把無聊染上如此陰暗的色彩，所以那些光是一輩子就已經感到無聊至極的人開始深入宗教。他需要擺脫這種生和死；他需要跳脫這個輪子，這種生與死的惡性循環。因此它非常適合那個年代。

後來印度變得貧窮。一旦一個國家變得貧窮時，無聊就會消失。記住，窮人從來不會覺得無聊；只有富有的人才負擔的起無聊這種感覺，無聊是富有人士的特權。窮人不可能覺得無聊；他沒時間感到無聊。

他整天都在工作；當他回家時，他是如此地疲倦，以致於他很快就睡著了。他不需要任何娛樂，什麼電視、電影、音樂、藝術和博物館，他完全不需要這些東西，他也無法擁有。他唯一的娛樂就是性：一種自然而內建的東西。這就是為什麼貧窮的國家一直比富裕的國家有著更高的出生率——因為性是唯一的娛樂。

如果你想降低一個貧窮國家的人口，你只要給他們多一點娛樂就夠了。給他們電視機，給他們收音機、電影——給他們一些可以讓他們分心而不去想性的東西。

我聽說，美國的夫妻變得非常沉迷於電視，他們連做愛的時候也不錯過。做愛變得次要；電視才是主要的。他們不想錯過正在播放的節目。

一個貧窮的國家只知道一種娛樂，因為人們負擔不起別的娛樂；人們只能負擔得起這種天然內建的娛樂。所以貧窮的國家繼續製造人口；人口變得越來越密集。而他們對於生活沒有任何厭倦無聊的感覺。他們有的是什麼樣的生活呢？首先，你要先擁有生活，你才能對它感到無聊厭倦。你必須先擁有金錢，你才能對它感到無聊厭倦。你必須先擁有女人，你才能對她們感到無聊厭倦。你需要先擁有過許多塵世的經驗，才會想要結束這一切。

當印度開始變得貧窮時，輪迴之說就變成了一種逃避，一種希望——不再是無聊，而是一個希望，一個拖延的可能性。「我這輩子很窮。沒什麼好擔心的；人有很多世。

下輩子我只要多努力奮鬥一點，我就會變得有錢。這輩子我娶了一個醜女人。沒什麼好擔心的；這不過只是一世的問題。下一次我不會犯同樣的錯誤。這一次我因為過去的業力而痛苦。只要這輩子我不犯任何錯誤，那麼我就可以享受來世。」它變成一個拖延的方法。

耶穌看到輪迴這個理論已經不再按照它原先的方式發揮作用。情況改變了。因此耶穌必須創造別的方法：人只有一世——如果你想成為一個具有宗教精神的人，如果你想要靜心，如果你想要成為一個求道者，你需要馬上就進行——因為明天是不可靠的。你或許沒有明天。

因此西方世界變得太過於意識到時間的流逝；每個人都是匆忙的。這種匆促來自於基督教的影響。而這個方法也再度失敗了。沒有任何一種方法能夠永遠管用。

我自己的經驗是，一個特殊的方法是那個師父在世的時候才有效，因為他是它的靈魂；他能夠用有效的方式來使用它。一旦師父走了，那個方法也就無效了，再不然，就是人們會開始用新的方式來詮釋它。

現在，在西方，這個方法已經徹底失敗了；現在，它變成是一個問題。人們一直感到匆促、緊張、焦慮，因為你只有一世。耶穌原本想要人們記住：因為你只有一世，所以記得神。但是人們做了什麼呢？因為他們發現只有一世，所以他們想要盡情的喝、盡情的吃與結婚，因為再也沒有其他世了。所以盡你所能的放縱。現在就榨出生命所有的汁液！誰在乎最後的審判日會發生什麼事呢？誰知道到底有沒有最後的審判日呢？

一所女子大學裡有一個教授是個糟老頭，他沒有辦法不開任何黃腔地上完一堂課。最後，那些女學生們做出一個決定，下一次當他開黃腔的時候，她們會全體站起來，離開教室。

隔天早上，這個教授一進教室就馬上說起猥褻的話語：「嘿，小妞們，我聽說昨天有一艘船進了港口，上面載了三十個黑人大兵。小妞們，就是想一想，那三十根又大又黑的陰莖⋯⋯」

這時候，教室裡所有的女學生都站起來離開教室。

這個教授大叫著：「嘿，你們別急啊！那些大兵至少還會待上兩個星期。」

西方國家對於一切都已經變得極度匆忙，因為你沒有下一世。

瑪麗和約翰都住在紐約市的一棟大型公寓裡。有一天，他們碰面了，然後他們立刻墜入愛河，但是他們並沒有連絡對方。這種情形維持了六個月，直到約翰再也受不了這種緊張感，他邀請她到家裡來喝點東西。她猶豫地答應了，然而當他們才一進門，他們就把門從背後關上，衝進臥室，跳上床。

幾分鐘之後，約翰用沙啞的聲音說：「聽著，我很抱歉。如果我知道妳是處女的話，我會多花點時間慢慢來的。」

瑪麗回答：「這個嘛，要是我知道你有時間慢慢來的話，我就會把褲子脫掉！」

這麼地匆忙！速度變成一種狂熱，快一點，再快一點。沒有人在乎你到哪裡去，但是你必須去得快一點；發明出更快的交通工具。

而這一切的發生都是因為耶穌所使用的方法。它在耶穌的時代是管用的。他一直在告訴他的人：「小心！最後的審判日近了。你會在自己這一世看到世界末日，沒有另一世了。而如果你錯過的話，你會被丟入地獄，直到永遠！」他只是藉此創造出一種心理上的氣氛。當耶穌在世的時候，那是有用的，在耶穌走後的一段時間裡，它也仍然是有用的。它的效果持續了一段時間，因為耶穌最親近的門徒身上還帶著耶穌的某種氛圍、某種氣氛，但是在那之後，它只帶來了反效果。

它創造了這個世界上有史以來最世俗的文明。它原先的用意是：這種只有一世的觀念會讓人們如此地警覺而覺知，然後他們會追尋、探索神，他們會拋棄所有別的欲望、所有別的事物。他們的整個人生只會有一個方向，那就是對於神的追尋與探詢。這是耶穌這個方法背後的理念。但是它最終的結果是人們變得極度世俗化，因為沒有來世，只有這一世——所以盡你所能地享受！享受；不要拖延到明天。

印度的方法失敗了，因為人們變得懶散昏睡。佛陀在的時候，它很有用。當時，他真的創造了世界上最偉大的運動之一。有成千上萬的人放棄他們的生活成為門徒。這表示他們把自己所有的能量用於追求真理。因為佛陀創造了一種生命如此無聊的氣氛，所以萬一你錯過的話，你會感到無聊。

但是之後發生的情況恰好相反。而事情總是這樣地發生。師父們是注定會被誤解的。人們是如此地狡詐，如此地圓滑，他們總是能夠設法毀掉這整個方法。

耶穌非常清楚生命是永恆的，輪迴是一個事實。他間接地提到它，可能是對他親近的門徒提及，而不是針對群眾——理由很簡單：他看到輪迴之說在印度失敗了，所以他需要嘗試別的方法。

我創造了很多的方法，因為其他方法都失敗了。我非常清楚我的方法，只有當我還在這裡的時候才會有用；就像其他方法失敗了一樣，我的方法也注定會失敗。我並不是住在虛幻的美夢裡，認為我創造的方法會永遠適用。當我不在這裡的時候，人們會扭曲我的方法。但這是自然的，這一點需要被接受；也沒有什麼需要擔心的。

因此，還在這裡的人，保持警覺，盡可能地深入使用這些方法。當我還在這裡時，這些方法會運作的很完美。在我的手上，它們會是你內在蛻變的絕佳方式，但是一旦人們再也看不到我的手，這些方法會落入某些權威人士和學者的手上，然後過去的故事會再度重演。

小心，警覺一些。不要浪費時間。

問題

我的一個朋友有著電腦方面的博士學位，他的論文與人工智慧有關。他說，人不過是一部生物電腦，如此而已。佛陀說，所有的東西都是合成的，沒有自己，沒有靈魂，沒有心靈，沒有「我」，這看起來似乎符合我這個朋友所抱持的觀點。可以請你協助我嗎？因為我覺得這種觀點裡似乎少了些什麼，但是我卻看不出來。

人的確是一部生物電腦——但也不只是一部生物電腦。

就大部分的人而言，他們確實只是一部生物電腦，再也沒有其他更多的東西了。一般來說，人們確實只是這個身體和這個頭腦，而這兩者都是合成品。除非一個人進入靜心，否則他是找不到那些其他更多的部分、那些超越了身體與頭腦的部分。

心理學家，特別是行為心理學家，他們研究了人類半個世紀，但他們研究的是一般人，當然，他們的研究可以證實他們的理論。一般人，一般無意識的人，他們只有這個身體與頭腦的合成品，再也沒有其他的部分了。身體是頭腦的外皮，而頭腦是身體的內裡。兩者都有誕生和死去的一天。

但是除此之外，還有一些其他更多的部分。而這些其他「更多的部分」讓一個人得以覺醒、成道、成為一個佛、成為為一個基督。但是巴伐洛夫（Pavlov）、斯金納（Skinner）、戴嘉多（Delgado）和其他人無法研究一個佛陀或一個基督。他們研究的是無意識的人。很自然地，當你研究的是一群無意識的人們時，你不會在他們身上發現任何不平凡的部分。在無意識的人身上，這種非凡的部分還只是一個潛力、一種可能性；它還沒有實現；它還不是一個事實。因此你無法研究它。

你只能從一個佛身上研究這些非凡的部分——但是即使如此，這種研究也絕對會是極盡困難、幾近不可能的，因為再一次，你在一個佛身上所能研究到的仍然只是他的行為。如果你已經確信沒有什麼其他「更多」的事物存在時，如果你已經有了結論，那麼即使是一個佛的行為，你也只會看到機械性的反應；你看不到他的自發性。要看到這份自發性，你需要自己親身參與靜心。

心理學只有在靜心成為它的基礎時，它才會成為真正的心理學。心理學這個字眼的意思是「靈魂的科學」。目前，現代心理學還不是一門靈魂的科學。

佛陀確實否定了「自己(self)」、「自我(ego)」、「我」。他沒有否定靈魂，而「自己」和靈魂並不是同義詞。他否定這個「自己」，因為只有無意識的人才有所謂的「自己」。無意識的人需要某種關於「我」的概念；否則他就沒有了中心。他還不知道自己真正的中心。他必須發明一個虛假的中心，讓他至少能夠在這個世界上繼續運作；否則他是無法發揮功能的。他需要某種「我」的概念。

你一定聽過笛卡兒著名的論述：「我思，故我在。(I think, therefore I am.)」

有一個教授笛卡兒哲學的教授被學生問到：「老師，我思，但我怎麼知道我在？」

教授假裝環顧教室四周。他說：「這個問題是誰問的？」

這個學生回答：「是我。（I am.）」

人們需要某種「我」的概念；否則他無法運作。也因為我們並不知道真正的「我」，所以我們用一個虛假的「我」來取代，而這個「我」是虛構的、合成的東西。

佛陀否認有所謂的「自己」，因為對他來說，「自己」只是「自我」的另一個名字，只是稍微帶了一點靈性的色彩；否則的話它們毫無區別。他用的字是anatta（無我）。atta的意思是「自己」，anatta的意思是「沒有自己」。不過，佛陀他並不否定靈魂。事實上，唯有當所謂的「自己」被完全放掉時，一個人才會真正的了解靈魂。但是佛陀不曾針對靈魂說過任何話語，因為沒有什麼好說的。

佛陀的方法是「否定之道」。他說：你不是這個身體，你不是這個頭腦，你不是這個「自己」。他持續地否定、排除；他排除你所能設想的一切，然後對於留下來的部分，他什麼也沒說。那些剩下來的就是你的實相——那個絕對純淨的無雲天空，沒有思想，沒有認同，沒有情緒，沒有欲望，沒有自我，空無一物。所有的雲都消散了……只有純淨的天空。

這是不可言傳的，無以名之的，無法定義的。這就是為什麼他對它保持絕對的沉默。他知道如果他說出任何與它有關的事情，你會馬上跳回你對「自我」的舊有觀念。如果他說：「你的內在有個靈魂。」你會如何理解它呢？你會認為：「他把它稱為靈魂，我們把它稱為『自己』——它們是一樣的。它可能是至高的『自己』、靈性的『自己』；它不是平常一般的自我。」但是不論靈性還是非靈性，重點在於「一個分離的實體」這樣一個觀念。佛陀不認為你是一個和整體所分離的個別實體。你和存在這個有機體是一體的，所以對於你的分離、區隔，他不與置評。即使是「靈魂」這個字眼都會帶給你某種分離的想法；你必然只會根據你無意識的方式來理解它。

你的朋友說人只是一部生物電腦，別無其他——一部生物電腦能夠說出這種話嗎？一部生物電腦能夠否定自己、否定靈魂嗎？沒有任何生物電腦或其他電腦有任何「自己」

或「沒有自己」的概念。但是你的朋友這麼做了，所以他絕對不是一部生物電腦。沒有任何一部生物電腦能夠寫出關於人工智慧的論文！你認為人工智慧可以寫出關於人工智慧的論文嗎？它還需要其他更多一點的東西。

如果你認為佛陀同意他的觀點，那你就錯了。完全不是如此。佛陀的經驗是靜心的。沒有人能夠在缺乏靜心的狀態下了解佛陀的話語。你朋友的觀察是來自於一個科學觀察員的立場，那不是他的經驗；那是他的觀察。他從外在來研究生物電腦、人工智慧。然而，是誰在進行研究呢？

你能夠想像兩台電腦互相研究彼此嗎？電腦只知道那些被輸入的東西；它無法擁有更多。你必須提供它資訊，然後它會把這些資訊保存在記憶體裡——它是一個記憶系統。就數學而言，電腦可以創造奇蹟。就數學而言，一部電腦可以比任何一個愛因斯坦都來得更有效率，但是電腦無法成為一個靜心者。你能夠想像一台電腦靜靜坐著，什麼也不做，當春天來臨，草木就自己生長嗎……？

有很多品質是電腦無法擁有的。電腦無法愛。你可以把很多電腦放在一起——它們不會愛上彼此！電腦無法擁有任何美的經驗；電腦無法體驗任何喜樂。電腦無法擁有任何覺知。電腦無法感受寧靜。而這些諸多品質都證明了人絕對不只是人工智慧。

人工智慧可以進行科學工作、數學工作、各種運算——又快又有效率，因為它是機器。但是機器無法覺知到它在做什麼。一部電腦無法感到無聊，電腦無法感覺到「無意義」，電腦無法經驗極度的痛苦。電腦無法探詢真理，它無法宣布自己放棄塵世而成為一個求道者，它無法到山上或去僧院裡。它無法設想任何超越機械性的東西——而所有重要的東西都是超越機械性的。

問題　一個人要如何區辨文明的自愛（self-love）與自大狂這兩者的差異？

那兩者的區別非常細微，但是很清楚，區別並不困難。如果你是個自大狂，它會為你帶來更多的痛苦。痛苦顯示你病了。自大狂是一種病，一種靈魂的癌症。自大狂會讓你越來越緊張，讓你越來越焦躁，它讓你無法放鬆。它逼你走向瘋狂。

自愛和自大狂則是恰好相反的。在自愛當中沒有所謂的「自己」，只有愛。在自大狂當中，沒有愛，只有自己。在自愛當中，你開始變得越來越放鬆。一個愛自己的人是全然放鬆的。如果你愛別人，那或許還會有一點緊張，因為對方不見得總是和你配合無間。對方或許有他自己的想法。對方是一個不同的世界；你們可能發生碰撞衝突。你們可能會有所爭執，因為對方是一個不同的世界。你們之間總是會有一種微妙的衝突持續著。但是當你愛自己的時候，那裡沒有別人。沒有衝突——只有單純的寧靜，那是一種無比的喜悅。你是單獨的；沒有人打擾你。你也不需要他人。對我來說，一個有能力深愛自己的人，他也有能力去愛他人。如果你無法愛你自己，你怎麼能夠去愛其他人呢？它必須先在近處發生，它必須先發生在你自己身上，然後才能擴散到他人身上。

人們總是試著去愛他人，而不曾意識到他們甚至不愛自己。你要如何去愛他人呢？你無法分享你所沒有的東西。你只能給予他人你已經擁有的東西。

所以，走向愛的第一步，也是最基本的一步，就是對自己的愛；但是其中沒有自己。

讓我向你說明這一點。

這個「我」之所以會出現，只是為了對比出這個「你」。「我」和「你」是同時存在的。這個「我」存在於兩個不同的向度上。其中一個向度是「我—它」的向度：我—我的房子，我—我的車子，我—我的錢；「我—它」。當這種「我」存在時，當這種「我—它」裡的「我」存在時，這個「我」幾乎就像是一樣東西。它沒有意識，它是昏睡的，打鼾著。你的意識是不存在的。你就和東西一樣，你是眾多事物裡的其中一樣：像是你房子裡的一部分，你傢俱裡的一部分，你金錢裡的一部分。

你有沒有看過？一個太過貪婪的人會逐漸開始具有錢的特性。他變得就像錢一樣。他失去了靈性；他不再是一個心靈。他被縮減成一個物質。如果你愛錢，你會變得像錢一樣。如果你愛你的房子，你會慢慢變成物質化。不管你愛的是什麼，你就會變成它。愛是一種鍊金術。所以絕對不要愛上錯誤的事物，因為它會蛻變你。沒有任何東西比愛更具有蛻變的力量。去愛某種能夠提升你，把你提升到更高境界的事物。去愛某種超越你的事物。

這就是所有宗教的努力：給你一個愛的對象，比如說「神」，這麼一來，人就不可能墮落。只能向上提升。

有一種「我」是以「我—它」的方式存在，另一種「我」則是以「我—你」的方式存在。當你愛一個人的時候，另一種類型的「我」就出現了：「我—你」。當你愛的對象是人的時候；你會變成人。

但是當一個人愛的是他自己呢？——沒有「它」也沒有「你」。這個「我」消失了，因為這個「我」只能在兩種背景中存在，那就是「它」和「你」這兩種背景。這個「我」是符號，而「它」和「你」的作用則像是某種背景。當你被單獨留下來的時候，你存在，但你沒有一個「我」，你不會感覺到任何的「我」。你只是一個非常清楚的「在」（amness）。通常我們說「我在」。當你深深的愛著自己時，在這個情況下，「我」消失了。只有「在」，純粹的存在，純粹的本質被留下來。而這會讓你充滿極度的喜樂。這會讓你成為一個慶祝，一個歡欣慶祝。要區別這兩者是完全沒有問題的。

如果你變得越來越痛苦，那你就是走在成為一個自大狂的路上。

如果你變得越來越平靜、寧靜、快樂、沉著，那你就是走在另一條道路上——一條自愛的道路。如果你走在自我的旅程上，你對其他人會變得具有破壞性——因為這個「自我」會試圖毀滅這個「你」。如果你朝著自愛的方向移動，自我會消失。而當自我消失時，你也會允許他人就是他自己；你會給予對方全然的自由。如果你沒有自我，你也無法為你所愛的人製造一個監獄；你無法製造出任何牢籠。你會允許人們成為天際的老鷹。你會允許他人就是他自己；你給予全然的自由。愛給予全然的自由。愛就是自由——不僅你是自由的，為你所愛的人也是自由的。自我是束縛——它不僅束縛著你，也束縛著你的受害者。

但是自我會跟你玩弄一些微妙的詭計。自我非常狡詐，它的方式很巧妙：它會假裝自己是自愛。

讓我告訴你一則故事：

當目拉・那斯魯丁（Mulla Nasruddin）認出他前面那個正在走下地鐵階梯的人是誰

時，他的臉亮了起來。他重重地拍上那個人的背，讓那個人差點跌倒，然後他喊道：「葛柏格，我幾乎認不出你來了！唉呀，你比我上次看到你的時候重了三十磅。而且你還把鼻子整好了，我可以發誓，你幾乎高了兩吋。」

那個人惱火的看著他。他冷冷的說：「對不起噢，但是我並不是葛柏格。」

目拉・那斯魯丁說：「啊哈！所以你連名字都改了啊？」

自我非常狡詐，它非常擅長於自我辯護，非常擅長於為自己合理化。如果你不是非常警覺的話，它會開始把自己藏在自愛的後面。「自己」這個字眼會變成它的保護色。它會說：「我是你自己。」它可以改變重量，它可以改變高度，它可以改變名稱。因為它只是一個概念，所以改變對它而言是完全沒有問題的：它可以變小；它可以變大。它只是你的幻想。

你要非常小心。如果你真的想在愛裡成長，那麼你需要更加謹慎。你的每一步都要帶著深度的覺知，讓自我找不到任何可以隱藏的漏洞。

你真實的自己既不是「我」也不是「你」；它既不是「你」也不是「別人」。你真實的自己是完全超越性的。你所謂的「我」並不是你真實的自己。這個「我」被強加在事實之上。當你稱某人為「你」的時候，你說話的對象並不是他真正的自己。再一次，那是你所加諸的一個標籤。當所有的標籤都被拿掉時，真正的自己會被留下來——而這個真實的自己是你的，它也是別人的。這個真實的自己就是「一」。

這就是為什麼，我們一直說我們參與了彼此的存在，我們是彼此的一分子。我們真正的實相是神。我們或許像冰山一樣漂浮在海上——那些冰山看起來像是分開的——但是一旦我們融化了，什麼也不會留下。定義會消失，限制會消失，冰山會消失。它會成為海洋的一部分。

自我是一座冰山。融化它。讓它在深深的愛裡融化，以致於它能夠消失，而你能夠成為海洋的一部分。

我聽說……

有位法官看起來非常的嚴厲。他說：「目拉，你太太說你用一根球棒敲打她的頭，然後把她摔到樓下。你有什麼話好說？」目拉・那斯魯丁搓搓鼻子，靜心冥想。最後他說：「閣下，我想這個事情有三面：我太太的說法，我的說法，還有事實的真相。」

沒錯，他是完全正確的。

他說：「你聽到了一個事實的兩面，但是它有三面」——而這點是完全正確的。你的說法、我的說法，還有事實；我和你，和真實。

真實既不是「我」也不是「你」。「我」和「你」只是那遼闊無邊真實裡的謊言。「我」是假的，「你」是假的；它們或許實用，它們在這個世界上是有用的。沒有「我」和「你」的話，我們很難處理這個世界上的各種事務。好——你可以使用它們，但是它們只是工具。在真實裡，既沒有「你」也沒有「我」。出於某個毫不受限也沒有疆界的事物或能量，我們出現了，然後我們也再度會消失於其中。

## 問題

我曾經聽你說過，佛陀從來不談論神，因為它無法被證實。但是下一刻他卻談到他世和輪迴。這怎麼會符合科學事實呢？

佛陀說沒有靈魂。那死後還剩下些什麼呢？什麼是輪迴？我隱約知道可能是那些被留存下來的無形無狀之物，但它有個別的實體嗎？同一個波浪不再重生。

這個問題非常的重要。這個無我(no-self)的概念是佛陀對於人類意識最重要的貢獻之一。它非常的複雜。你需要保持一種寧靜的警覺，才能夠理解它，因為它違反了你過去的所有制約。

先從幾個比喻開始，好讓你對佛陀的「無我」概念有些許了解。你的身體只是一個皮囊。你的皮膚確定了你身體的界限；它界定了你和世界的區隔。皮膚是你周圍的界限。它保護你與世界區隔開來，它把你從世界裡面分離出來。它只允許你從某些出口進入世界，或是讓世界從某些入口進入你。如果沒有皮膚，你沒有辦法存在。你會在環繞著你的所有事物裡失去自己的界限。但是你不是你的皮膚。你的皮膚一直在變化著。

就像蛇一樣，牠持續地一次又一次地蛻皮。你的皮膚也會一次又一次地脫離。如果你去問生理學家，他們會告訴你，一個人如果活上七十年，那麼他的皮膚會徹底汰換至少十次以上。只是汰換的過程非常緩慢，所以你從來不曾留意過。這種你無法察覺的小範圍變化隨時都在發生；你的感知沒有那麼精細。而那個變化非常的細微。你的皮膚一直在變化，但是你仍然認為你就是你的身體，同樣的身體。但是，它不是同樣的身體，它是一個連續體。

當你在母親子宮裡時，第一天你只是一個小小的，肉眼難以覺察的細胞。當時，那是你的皮膚，那是你的身體。然後你開始成長。九個月後，你出生了——這時候你擁有一個全然不同的身體。如果現在的你突然遇到當時那個出生才一天的你，你無法認出那就是你。你改變了許多。但是你仍然認為你是同一個你。從某個角度來說，你是同一個你，因為你是同一個連續體。但從另外一個角度來說，你是不一樣的，因為你一直不斷地改變。

同樣地，自我和皮膚一樣。皮膚包圍著你的身體，讓它擁有一個形態、界定與界限。而自我則包圍著你的頭腦，讓它有一個界限。自我是內在的皮膚，好讓你知道你是誰；否則你會覺得迷失——你會不知道誰是誰；誰是我，誰是他人。

這種「自己」、「我」、「自我」的觀念給了你一個定義，一個實用的定義。它使你和他人有清楚的區隔。但是它仍然是一層皮膚，一層非常微妙的皮，圍繞在你頭腦的範疇之外——你的記憶、你的過去、你的欲望、你的計畫、你的未來、你的現在、你的愛、你的恨、生氣、悲傷、快樂——它把所有這些東西包裹成一袋。但是，你不是那個自我。因為它也一直不斷地變化著，而它的變化比身體皮膚的變化更大。它時時刻刻都在改變。

佛陀用火焰來比喻。一盞燈被點燃了，你看到它的火焰，但是它一直在改變，它不再是同樣的火焰。到了早上，當你熄燈的時候，你熄滅的不是同樣的火焰。因為它整夜都不斷地改變。

在每個片刻裡，火焰都消失在煙霧裡，而被新的火焰所取代。但是這種取代的速度非常快，所以你看不到火焰的消失——一個火焰消失，另一個出現。一個消失；另一個出現。這個變化非常快，所以你看不到兩者之間的空隙。除此之外，它不是同樣的火焰，只是同一個延續。但從某個角度來說，它還是同樣的火焰，因為它是同一個火焰的延續。它從同一個火焰中誕生。

就像你來自於你的雙親——你是一個延續。你不一樣。你不是你的父親，你不是你的母親——但你還是你的父親和母親，因為你延續同樣的傳統、同樣的血脈、同樣的遺產。

佛陀說自我是一個延續，它不是一個實體，而是像火焰一樣的延續，像河流一樣的延續，像身體一樣的延續。

問題出現了……我們勉強可以承認這一點，它可能確實是如此：如果一個人在死亡中死去，然後一切消失，那麼這是完全正確的，它或許就是一簇火焰而已。但是佛陀說一個人會再次誕生——這裡問題出現了。是誰再次誕生呢？

再一次，這裡有幾個比喻。你看過一棟房子著火，或是一座叢林著火嗎？如果你觀察的話，你會看到一個現象。火焰會從一棵樹跳到另一棵樹上。它其中沒有任何的物質：它就只是火焰。它不含有任何物質，它就只是純粹的能量，某個分量的能量——它從一棵樹上跳到另一棵樹上，然後另一棵樹也著火了。

或者，你可以拿一根未點燃的火把靠近一根點燃的火把。會有什麼事情發生呢？火焰會從點燃的火把跳到未點燃的火把上。它是一個量子躍進；它是一個跳躍。一簇純粹的火焰跳到另一根火炬上，開始另一個延續。

或是，現在你正在傾聽我說話。如果你打開一個收音機，突然間你會開始聽到某個電台的廣播，它正好從空中經過。你需要的只是一個接收器。只要有接收器，你就可以捕捉來自於倫敦、莫斯科或北京正在進行的廣播。

沒有任何的物質，只有純粹的思想波從北京跳到普那……只有思想波，而沒有任何實質的東西。你無法用手捕捉它們，你看不到它們，但是它們在那裡，因為你的收音機捕捉到了，或者你的電視捕捉到了。

佛陀說，當一個人過世的時候，他一生所累積的欲望、他一生所累積的記憶、他一生的模式、業，會像是能量波一樣地跳進一個新的子宮。這是一種跳躍。物理學上有一個精確的字眼來形容這一點，他們把它稱為「量子躍進」——一種粹純能量式的跳躍，其中沒有任何物質。

佛陀是第一個量子物理學家。愛因斯坦在二千五百年之後追隨他，但是他們兩個人說的是同樣的語言。我還是會說佛陀是科學性的。他的語言是現代物理學的語言；他超前了他的時代二千五百年。

當一個人死的時候，身體消失了，物質的部分消失了，但是那些非物質的部分，頭腦的部分，它們是一種振動。這個振動被釋放，它們被播放出來。現在，不論哪裡有合適的子宮準備好接收這個振動，它就會進入那個子宮。

沒有所謂的「自己」會過去那個子宮裡——沒有任何人會過去，也沒有自我會過去。不需要任何實質性的東西，只是一種能量的推進。重點在於，自我會跳進同樣的袋子裡。一棟房子不能居住了，一個身體再也無法居住了。舊的欲望，對生命的渴望——

用佛陀的話來說就是「渴愛」（tanha），對生命的貪求渴望——還活著，燃燒著。是那個欲望跳躍了。

現在，聽聽現代物理學家所說的。他們說物質並不存在。你能夠看到我背後這道堅固的牆嗎？你無法穿透它；如果你嘗試的話，你會受傷。但是現代物理家說它是空的，它不是實在的東西。它只是純粹的能量以驚人的速度移動著，然後這種移動創造出虛假的幻象，物質的表象。

你一定看過轉動快速的風扇，它速度快到你看不到扇葉。它只有三片扇葉，但是扇葉移動得如此之快，以致於它們看起來像是一個實心的圓，像一個盤子一樣；你看不到兩片扇葉之間的空隙。如果風扇吹出來的風能夠像電子一樣地快速——極度迅速——那麼你可以坐在風上面而不會掉下來。你可以坐在上面就像是我坐在椅子上一樣，你不會感覺到任何的移動，因為那個移動是如此地快速。

這張椅子是同樣的情況，你腳下的地面也是同樣的情況。它並不是大理石地面，那只是它的外表。能量的粒子移動得如此之快，以致於它們的移動、它們的速度創造了物質的幻象。物質並不存在；只有純粹的能量存在。現代科學家說物質不存在；只有非物質的能量存在。

因此我說佛陀是非常科學的。他不談論神，但他談論非物質的「無我」。就像現代科學從原有的概念裡拿掉了物質的觀念，佛陀從原有的概念裡拿掉了「自己」這個觀念。「自己」和物質是互為關聯的。你很難相信牆是非物質的，同樣地，你也很難相信你的內在沒有一個「自己」。

現在，還有幾件事情，可以讓這個概念變得更清楚。我不會說你能夠完全理解，但是這會讓它變得清楚一點。

你走路，你正在走路，你早上去散步了一會。就是這個語言——我們說「你在走路」——製造出了問題；我們的語言本身就是有問題的。當我們說某人在走路時，我們假設有一個人在那裡，而他在走路——一個正在走路的人。我們會說如果沒有一個走路的人存在，怎麼會有「走路」這回事呢？

佛陀說沒有走路的人，只有行走。佛陀說生命並非由物質所組成，生命是由諸多事件所組成。而這也正是現代科學所說的：只有過程，沒有物質。

就連說生命（life）存在都是不對的。只有無數個生活（living）的過程存在著。生命只是一個概念。實際上，沒有任何一個叫做「生命」的東西存在。

有一天，你看到天上烏雲密布，打雷又閃電。當閃電出現時，你會不會問：「閃電後面有什麼東西嗎？」、「閃電是誰？」、「閃電是什麼？」不，你會說：「閃電就只是閃電；沒有誰在它後面；它只是一個過程。並沒有什麼叫做閃電的實質東西。它就是閃電。」

二元性來自於語言。你走路——佛陀說只有走路存在。你思考——佛陀說只有思考存在，而沒有思考的人。這個思考的「人」純粹是由語言所製造出來的。因為我們使用的是一種以區分為基礎的語言，它讓所有一切都被區分開來的。

當你在思考時，有一串思想存在，這沒錯——但是沒有一個思想者。如果你真的想要了解這點，你就需要深入靜心，直到思想消失。當思想消失時，你會很驚訝地發現那個思考者也消失了。思考者和思想一起消失了，它只是一連串思想的外表。

你看到一條河。真的有一條河存在嗎，還是它只是一個流動？如果你把流動拿掉的話，那還有河嗎？一旦你拿掉了流動，那條河會消失。所以並不是有一條河在流動著；河流除了「流動」(rivering)之外，它什麼也不是。

這種困難是由語言所製造出的。或許由於某些語言的特殊語法，佛陀只在日本、中國和緬甸變得重要、意義深遠，且深入人心——因為它們有著全然不同的語言。為什麼佛陀在中國變得如此重要，為什麼中國可以了解他，而印度不行，這是非常值得了解的一點。中國有著一種不同的語言，它完全符合佛陀的思想體系。中文沒有二元區分性。中文、韓文、日文或緬甸文，它們有著與梵文、印度文、英文、希臘文、拉丁文、法文和德文完全不同的結構——截然不同的結構。

當《聖經》第一次被翻譯成緬甸文時，翻譯變得非常困難，因為有些句子完全無法翻譯。你一翻譯它們，它的整個意義就不見了。比如說，一個簡單的句子，「神是」(God is)——你無法把它譯成緬甸文。如果你翻譯它，它會變成「神成為」(God becomes)。「神是」無法被翻譯出來，因為它們的語言裡沒有和「是」相對的詞彙——因為「是」暗指某個實質的東西。

我們可以說「樹是」(the tree is)，但在緬甸文中，你必須說「樹正成為(the tree is becoming)」，而不是說「是」。他們的語言裡沒有和「是」相對的詞彙，只有「樹成為」。當你說樹「是」的時候，它不再是同一棵樹，所以你為什麼用「是」這個字眼呢？「是」這個字眼讓它變成是靜止的。但是它不是，它是一個如河流般的現象——「樹正成為(tree is becoming)」。我用英文必須說「樹正成為」，但在緬甸文裡，它只會說「樹成為(tree becoming)」，緬甸文裡沒有這個「是(is)」的存在。如果你想要翻譯「河流是(river is )」的話，它會變成「河流流動」(river moving)。「河流流動」才是精確的緬甸文翻譯。

但是他們很難把「神是」翻譯成「神成為(God becoming)」，基督徒沒有辦法這樣翻譯。因為對他們來說，神是完美的；祂不能「成為」……。祂不是一個過程，祂沒有成長的可能性，祂已經成就了。祂是絕對的。而當你說「成為」時，那是什麼意思呢？如果某人不完美，那麼「成為」是可能的。但是神是完美的，所以祂不能「成為」。所以該怎麼翻譯呢？那非常困難。

但是佛陀馬上在緬甸、中國、日本、韓國擴散開來——立刻地擴散開來。它們的語言結構讓它能夠擴散；他們可以輕易地了解佛陀。

在生命中，只有無數個事件存在。「吃」發生著，但是沒有進食者。觀照「吃」這件事。其中真的有一個「進食者」在那裡嗎？你覺得飢餓，沒錯，飢餓出現了，但是並沒有一個「飢餓者」出現。然後你吃東西——「吃」發生著，但是沒有一個「進食者」出現。然後飢餓被滿足了，你覺得滿足——滿足出現了，但是並沒有一個「滿足者」出現。

佛陀說生命由無數個事件所組成。生命的意思是「活著」。生命不是一個名詞，它是一個動詞。而且一切都是動詞。注意看，你就會發現：一切都在變化著；沒有什麼是靜止的。

愛丁頓（Eddington，第一位用英語宣講「相對論」的英國科學家）說英文裡有幾個字眼是完全錯誤的，比如說「休止（rest）」這個字眼。從來沒有任何東西是休止的；這個字眼是錯誤的，因為現實中沒有與它相對應的事實。你有看過任何東西休止嗎？就算你在休息，它其實是「正在休息」，而不是「休止」。它是一個過程：有些事情還在進行中；你仍然還在呼吸著。（譯註：英文的rest有靜止的意思。而中文的「休息」比較意味的是暫時性的停止，其中仍有一種動態的意思。）

你躺下來，放鬆——但是這不是休止。有許多事情，上千種事情仍然在你內在發生著。你看過任何東西休止嗎？那是不可能的；休止並不存在。就算是一個人過世了，他的身體仍然持續著它自己的過程。

你或許不曾聽說過——但有時候會有這種情況：回教徒、基督徒，有些人把死者埋在地下，一段時間之後人們發現那個人雖然死了，但他的鬍子持續在生長，他的頭髮持續變長，他的指甲也會變長。而那個人已經死亡了！

這種情形實在很詭異！如果你幫一個人刮過鬍子，然後把他埋進墳墓裡，六個月後，你打開墳墓，卻發現他有了鬍子……現在你要怎麼解釋這種情形？他到底是活著的還是死了？你會覺得害怕；你逃回家，但是那張臉會整晚糾纏著你。到底發生了什麼事？如果那個人死了，那為什麼他的鬍子還會生長？而如果他的鬍子繼續生長的話，那他是真的死了嗎？——還是假裝的？

生命是上百萬個正在進行中的過程。即使當你的自我從這個基地消失了，從這個機場和國度起飛離開，降落在別的子宮裡，仍然還有許多過程在持續著。並不是所有的過程都停止，因為有許多過程與你的自我無關。你的自我可以消失，而那些與你的自我無關的過程會持續下去。頭髮持續生長，指甲持續生長，這些都和你的自我無關。

而且，當你的自我離開時，上百萬個微生物會開始活躍起來，它們會開始工作、發生作用。你幾乎變得像個菜市場一樣！你會以這種方式充分地活躍著。很多事情會發生：很多微生物移動著，四處衝撞、做愛、結婚、死亡，一切都會發生。當你離開身體時，你的身體會變成許多生物的著陸點，它們一直在等待著，它們一直在說：「拜託，離開吧！讓我們進來。」

生命是一個持續不斷的種種過程——不是只有一個過程，而是持續不斷的諸多過程。

佛陀說「自己」的這個觀念是由於語言而出現的。你覺得飢餓：在語言裡，我們說「我餓了」。語言創造了「我」這個想法。不然你該怎麼描述這個狀況呢？如果你想要絕對精準的話，你只能夠說「餓了」。當你說「我餓了」的時候，你帶入了某個完全虛假的東西。光是「餓了」——這樣就夠了。

觀照你的種種過程，你會看到這一點的。當你今天感到飢餓時，就是觀照它。那裡真的有一個飢餓者存在嗎？還是只有飢餓？是否因為語言架構的扭曲，把它加以區分兩者，所以你開始覺得「我餓了」？

佛教是第一個把這個訊息帶入世界的宗教——你的諸多宗教、你的諸多哲學，它們受到語言形態的影響要比其他事物的影響都來得多。如果你能更深入了解你自己的語言，你會更加了解自己內在的過程。佛陀是第一個語言學家，而他的洞見具有無與倫比的意義。

「你說，佛陀從來不談論神，因為它無法被證實……」

是的，他不談論神，因為它無法被證實。他不談論神，因為你認為存在的神其實並不存在。再一次，你的神和這個「自己」都是同樣的老舊謬誤。你以為你有一個「自己」，所以整個宇宙一定也有一個「自己」。因為你有一個「自己」，所以整個宇宙必然有一個「至高的自己」(supreme self)。然後，這個「至高的自己」就是神。佛陀說你沒有任何「自己」。這個宇宙存在(is)，但是其中沒有「至高的自己」……存在其中有著無數個過程，但是沒有「至高的自己」。它其中沒有中心；它全部都是周圍。

人們很難捉摸了解這一點——除非他靜心。這就是為什麼佛陀從來不做這種形上學的討論；他只說：「靜心」。因為在靜心中，這些事情會變得清楚。當思想停止時，突然間你會看到——思想者消失了。它只是一個影子。而當思想者消失時，你怎麼能說，你怎麼能感覺到「我」的存在呢？沒有所謂的「我」被留下來；你是純粹的空間。而那就是佛陀所說的「無我」——沒有自己的純淨空間。它是一種驚人的經驗。

「……但是下一刻他卻談到他世和輪迴。」

佛陀的話語……佛教徒一直都因為佛陀的話語感到困擾。佛陀是如此地科學，因此他無法扭曲事實。如果他不是一個如此科學性的人，如果他只是一個形上學的人，那麼他要不是接受這個關於「自己」的概念，以便他的整個哲學看起是一致的，不然就是放棄輪迴之說，因為這兩件事看起來似乎是互相矛盾的。但是他是如此的一個科學家，他不會把任何他的看法強加在事實之上。他就只是陳述事實。如果它是矛盾的，他會說：「或許它是矛盾的，但是事情就是如此。」

這也是現代科學所發生的狀況。五十年前，當科學家進入物質最深處的核心時，他們非常地困惑，因為電子的行為非常地不合邏輯。

你不能逼迫電子去符合邏輯，你無法送它們上大學，學習亞里斯多德，你不能對它們說：「你們的行為不合邏輯，所以，乖一點！這樣不對。」你無法這麼說。如果它們的行動不合邏輯，那麼它們就是不合邏輯——你需要理解它，如此而已；你無法做任何事情。

而電子的不合邏輯非常地嚴重——它不是普通的不合邏輯。同樣的電子，有時候它的行動像波，而有時候它的行動像粒子。但是，它不可能兩者皆是，那是違反歐幾里德、違反亞里斯多德的——就好像這些電子根本不相信歐幾里德和亞里斯多德一樣。它們到底在做什麼？它們難道沒聽過歐幾里德嗎？

這是很簡單的幾何學，我們在學校裡都學過——一個點不可能是一條線，一條線不可能是一個點。一條線是很多點排放在一起，所以單一的點無法像線一樣地行動；否則整個幾何學會深受打擾。你放了一個點，然後你去了廁所，等你回來時，它已經變成了一條線！這下你該怎麼辦呢？

但這正是物質最深核心之處所發生的事情。你持續地觀察，它本來看起來像是一個點，然後突然間它是一條線。而這個跳躍是如此地迅速，你甚至無法看到它是如何長成一條線的。這一瞬間，它是一個點；另一瞬間，它是一條線——它甚至不是成長成為一條線，而是一個跳躍，如此地突然，如此地不合邏輯。如果它慢慢成長為一條線，至少我們還可以理解：或許它像種子一樣，發芽後變成了一棵樹。好吧，這樣我們還可以理解。這一刻，它是一顆種子，另一刻，它成長了，漸漸地，漸漸地，一步一步地，它變成了一棵樹。這樣我們可以理解。

如果一個點慢慢地變成一條線，我們還可以理解。但如果是突然變化的，怎麼辦？而且它還不只是突然，更不合邏輯的是，兩個觀察者同時觀察著——一個人觀察到它是點，另一個人觀察到它是線。現在，這該怎麼辦呢？一個觀察者看到它像一顆種子，另一個看到它像一棵樹？在同一個片刻裡？

整個西方科學都源自於希臘邏輯學。而這些電子違反了亞里斯多德；你沒有辦法把它們搞對。科學家試過很多方法，因為頭腦傾向堅持它原有的概念和模式。頭腦不會輕易地放鬆，臣服於這些愚蠢的電子。

將近二、三十年的時間，科學家充滿了困惑，他們試圖找到某些可行的方式來解釋這個情況，或者至少找個可以搪塞過去的理由。結果，最後他們必須對事實讓步，他們接受了這個情況。所以「量子」物理出現了。「量子」這個字眼是被發明出來的，這個名詞以前從來不曾出現過，因為人類不曾碰過這麼不合邏輯的現象。量子的意思是它同時是一個點也是一條線。量子的意思是它是一個粒子也同時是一個波動。

我們必須為這樣一個完全不合邏輯的東西找個名字，而我們沒有字眼可用。人們問科學家說：「你要怎麼解釋它？它是不合邏輯的。」科學家說：「它不合邏輯，但它就是如此，我們對它無能為力。我們必須聽從現實。如果現實是不合邏輯的，那麼必然是我們的邏輯有什麼不對，如此而已。我們可以改變邏輯，但是我們無法改變現實。」

這就是佛陀所碰到的事情。他進入了你所謂的「自己」的內在核心深處，而他也很疑惑——怎麼辦呢？沒有自己，卻有輪迴存在。現在，如果他不是一個真正的科學家，而是一個普通的哲學家，那麼他會忘掉所有這一切。他會乾脆不去談這個事實——他會有所選擇。而這個選擇很簡單：要嘛你說輪迴不存在，因為沒有所謂的「自己」這回事……

那些不相信靈魂的人總是這麼說的。那些無神論者、唯物論者，他們總是說沒有「自己」——當你死了，你就是死了。沒有東西倖存，沒有再生。這是單純的、邏輯的。或者，有些不朽主義者、有神論者，他們相信有所謂的「自己」。他們說：你死了，但是只有身體死亡；你的「自己」，你的中心還活著。你的靈魂，你的「我」（atman）還活著；

它是永恆的。這也是合乎邏輯的。

佛陀是非常不合邏輯的。而他的不合邏輯是因為他堅持不違反現實。他強調：不論現實顯現出什麼，我們都需要聽從它。我們在這裡並不是為了把自己的意識形態強加在現實之上。我們是誰，居然能夠這樣做？如果事實是如此，那麼在我們的邏輯裡、在我們的語言裡、在我們的思考方式裡，必然有些什麼是錯誤的。需要改變的是我們，而不是逃避現實。所以他看起來像是這個世界上最荒謬的思想家，因為這是最荒謬的陳述之一——你不存在，但是你會再生。

你可以清楚的看到：它是荒謬的。如果你不存在，你怎麼能夠再生呢？而他說：「我不知道。我只知道：你不存在而你會再生——就這麼多，這是我所看到的，這是我已經看到的。如果你想了解這一點，那就是靜心。深入你的存在，就像我深入我的存在一樣，然後你也會疑惑，非常地困惑。但是你會漸漸地安於現實。然後你會改變你的整個語言方式。」

佛陀改變了整個語言、整個哲學型態。過去從來不曾有過如此富有原創性的人。你幾乎無法理解他，因為他和你所說的不是同一種語言，然而，他為這個世界帶來了某些新的洞見。

那些不相信靈魂的人是屬於老派的，其中沒有新意。馬克思沒有提出任何新意。幾千年來，一直都有無神論者否定靈魂，否定再生。馬哈維亞和派坦伽利也沒有說出什麼新鮮事，因為一直有人相信神和輪迴的存在。

佛陀帶來了真正原創的洞見。他說沒有靈魂，但是卻有輪迴。而它是一個量子跳躍。

所以當我說他是一個科學家的時候，我是認真的。如果你了解現代物理學的語言，你就能夠了解佛陀。事實上，你無法不了解現代物理學而了解佛陀。這是第一次，現代物理學提供了一個共通處。海森堡（Heisenberg）、普朗克（Planck）和愛因斯坦，他們提出了一個共通處。物質不存在；只有能量存在，其中沒有自己，其中沒有實體。而佛陀所說的也是如此：「無我（anatta）」，沒有自己。

「這怎麼會符合科學事實呢？」

它完全符合。事實上，當你問它怎麼會符合科學事實時，你對科學的概念仍然是十九世紀的；你沒有注意到現代科學，你沒有注意到科學最新的發展。你對於科學的概念仍然是傳統、老舊與過時的。科學已經有了巨大的變化。如果牛頓回來的話，他也無法理解現在的科學，因為它變化得如此之快，它的概念變得如此難以理解，現在科學家說話的樣子變得像個形上學家、神祕家。他們不再像個數學家；他們說話的樣子像個神祕家或詩人。

「我隱約知道可能是那些被留存下來的無形無狀之物。」

不，你無法用理智來了解，因為你的無形無狀之物仍然有著某種形式。你要如何想像這個無形無狀之物呢？這個字眼沒有問題，但是當你試著想像這個無形無狀之物時，它馬上會開始呈現某個形式——因為只有形式可以被設想；無形無狀是無法想像的。它是一個空虛的字。

你可以持續說神是無形無狀的，但是你沒有辦法想像它。即使那些說神是無形無狀的人們，當他們敬拜神的時候，他們還是在某一個形式前面膜拜。他們還是有雕像、有儀式、有男神、有女神、有形式。即使是商羯羅（Shankara），他一直談論無屬性（nirguna）的無型式與無特徵，但是他的崇拜、他的祈禱，仍然是有屬性地擁有特徵與形式。因為無形無狀是無法想像的。而概念總是有形式的。不論你想像的是什麼，按照你所想像的可能形式，它也有了一個形式。所以它只是一個朦朧的概念。

你說：「我隱約知道可能是那個被留存下來的無形無狀之物。」不，這不是什麼隱約知道的問題。心智上的了解是不可能的。唯一的方法就是靜心，這是屬於存在性的向度。你無法透過心智來理解；你只是更深入靜心裡，敞開一個新的視野。

沒有人曾經像佛陀這麼強調過靜心。他的整個方法就是靜心。

而什麼是靜心呢？靜心是逐漸地變得沒有思想；不掉入睡眠——保持警覺，但卻變得沒有思想。一旦思想消失，一切就如水晶般清澈——思想者只是那些變動思想所產生的副產品。它其實只是一批想法，僅此而已。它沒有個別的存在。

你走路，但是走路的人不復存在；你吃東西，但是那個吃東西的人不復存在；你睡覺，但是那個睡覺的人不復存在；你生活著，但是沒有一個人在那裡生活；你死亡，也沒有人死去。你只是一個純粹的空間，其中存在著無數的過程，在其中，生命與它所有的過程一起流動著，而你不受到它的汙染、腐化。你就像一個敞開的天空……雲朵出現又消失。

人們給予佛陀的諸多名稱裡，最美的名稱之一就是「如來」。它的意思是「如此來，如此去」。沒有一個人前來，也沒有一個人離去——只有來與去。這就是「如來」的意思——一個來的過程和一個去的過程；沒有人來過，也沒有人離去。

禪師們總是說：這個人從來不曾存在過，這個叫做喬達摩佛陀的人從來不曾存在過。是的，他來過，然後他也走了，但是他從未存在。它就像一個夢的過程。夢來了又走了，而到了早上，你知道它從來不曾存在過。

一旦你了解到自己是一個純淨的空間，其中有著無數事件在進行著，那麼你會變得不再執著。然後你會變得無懼，因為沒有什麼可失去的，也沒有一個人在那裡失去任何事物。然後你不再會貪生，因為你不再懷抱任何關於「自己」的概念。然後你不再畏懼死亡，你也不再貪戀生命。你不思索過去，也不計畫未來。你就只是存在著——就像這外面的天空一樣地純淨；你的內在也成為一片純淨的天空。而這兩片天空的會合，內在的與外在的會合，就是佛陀所說的涅槃（nirvana）。

你問：「我隱約知道可能是那些被留存下來的無形無狀之物，但它有個別的實體嗎？」

不，它沒有個別的實體。

「同一個波浪不再重生。」

確實。事實上，如果你仔細觀看，如果你去河邊或海邊看著波浪；你會很驚訝地看到一些新的事物，那是你過去從來不曾想過的。當你看到波浪朝你的方向前來時，事實上沒有任何東西朝著你移動，波浪從來不曾靠近你。你看到它朝著你移動；但是它並沒有移動。一個波浪只是從旁協助另外一個波浪升起。而另外一個波浪又幫助另一個波浪升起。但是事情發生的如此之快，所以它創造了一個海市蜃樓、一個幻覺——你以為同一個波浪正朝著你的方向靠近。但是，沒有任何東西正在接近你。

當一個波浪出現時，藉由這個波浪的衝擊，另一個波浪出現了；就在附近，另一個波浪。藉由第一個波浪的力量，第二個波浪出現；藉由第二個波浪的力量，第三個波浪出現；藉由第三個波浪的力量，第四個波浪出現——波浪就是這樣出現的。但是它們給你一種幻覺，好像同一個波浪在接近你。它們從來不曾靠近。當你看到一個波浪從地平線上升時，它一直待在那裡；它從來不會朝著你的方向移動。

可能發生的情況是：你把一根浮木放在河中央：浮木會逐漸靠近你，但是不要被它欺騙——波浪並沒有靠近你。當一個波浪高高升起時，浮木會移動到另一個波浪上；然後當另一個波浪高高升起時，它又移動到第三個波浪上。隨著波浪的起起伏伏，浮木逐漸靠向岸邊，但是波浪絕不會朝著岸邊移動。這是一個科學事實。它們只是看起來好像朝著你移動。

是的，這正是佛陀所說的：「同一個波浪不再重生。」他並不是說你會再度誕生，他只是說有一個「再生」會出現。

但是在某種程度上，我們可以說你會再度誕生，因為它是一個延續。同樣的波浪：波浪甲創造出波浪乙，波浪乙創造出波浪丙——它是一個延續；正確的字眼是一個連續體。連續體這個字眼也來自於現代物理學。

佛陀稱之為「相續(santati)」。就像是你生下了一個孩子：從某個角度來說，他是你，但是他也不是你，他不完全是你。他會有他自己的個性，但是你創造了這個波浪。父親和母親的能量創造了一個新的波浪。這個波浪會持續下去，父親或許會死亡，母親或許會死亡，但是這個波浪會持續下去。然後這個波浪會在恰當的時機，按照它自己的方式，創造出其他的波浪。

「相續」，連續體。出生的不是你，而是你的欲望再度被誕生；因為你不存在，所以你無法出生。因此佛陀說，如果你放下欲望，那麼你就不再會出生。所以，一旦你了解了欲望的徒勞無益而停止欲求，一旦你放掉了欲望時，那麼對你來說，就不會再有出生。

那麼，你就首度變成一個「須陀洹」(srotapanna，意譯為「入流」)你進入了河流，你開始了解事情是怎麼一回事，生命是什麼：一連串沒有「自己」的生命過程。這是佛陀所謂成為一個「須陀洹」的意思，進入這個河流：進入這樣一個流動的觀念裡——生命就像一條河流，它不是靜止的，而是動態的；它沒有形體，只有事件；一種動力，一種能量的現象。

然後，漸漸地，當你更加深入河流時，你會成為一個「斯陀含」(skridagamin)——這時候，你只會再出生一次。你已經了解了，但是你的了解還不夠全面。在那之後，你會成為一個「阿那含」(anagamin)——這時候，你再也不會被誕生了。你已經了解了整個現象。出於這份領悟，你自由了。

當你再也不會被誕生的時候，你就成為了一個阿羅漢(Arhat)，一個已經成就的人，一個已經到達的人。現在，我用的不是佛教的語言，所以你要小心。我用的不是佛教的語言，所以我用的是詞組——當我說「一個已經到達的人」。注意了，沒有其他可以表達的話語了，但是你需要了解：當我說「一個已經到達的人」時，其中並沒有「一個人」在那裡，只有到達……它甚至不是名詞的「到達(arrival)」，而是動詞的「到達中(arriving)」。

佛陀的洞見是屬於存在性的，沒有其他任何見解能夠像佛陀這般令人自由、解脫。因為如果你相信靈魂的話，你可以離開這個世界，但是接著你會開始渴望天堂——因為你並沒有放下你的自我。而是把欲望轉向了一個新的向度。你放下貪婪，但是其實你並沒有放下它——有另外一種微妙的貪婪出現了。

只要看看回教、基督教或印度教所謂的天堂。它看起是來如此地世俗，如此地褻瀆神性。因為所有這些宗教讓你在這裡所拋棄的，天堂裡都會有所提供，而且還是大量供應！他們說：「不要喝酒！」但是在回教的天堂，費爾都斯(phirdous)裡有著許多酒河在那裡。不用買賣，不需要執照；你只要跳進去就行了。你可以在其中洗澡；你可以在其中游泳。所以，這是怎麼回事呢？

在回教國家，同性戀非常普遍，所以甚至連天堂也有所供應。那裡不但有著美女，還有著美少年。這看起來實在很醜陋，但是這就是一般人的頭腦……

不論你在這裡放棄了什麼，你都是為了更多的收獲而放棄——這整個邏輯就是如此。印度教徒把美女稱為「飛天（apsaras）」，回教徒則稱為「烏麗（houris）」……而且不只是「烏麗」，還有「吉密（gilmis）」，美少年，那裡也有著俊美的男孩，因為有些同性戀者會上天堂，他們該怎麼辦呢？

佛陀說除非你放下「自己」，否則你會一直重複同樣的鬧劇。你的天堂只是一個經過投射的世界，它還是同一個世界，只是修飾的更美，弄得更美，更多的裝飾罷了。在紅塵裡，女人的年齡會增長。在天堂裡，在印度教的天堂，她們從來不會年老；她們停滯在十六歲。她們必然會覺得受夠了——永遠停滯在十六歲；永遠不會超過這個年齡。

事實上，這是每一個女人的欲望——停留在十六歲。這種情況絕對不會發生在這裡，但是它會發生在「那裡」……十六歲以後，女人非常不情願地長大：她們的生日每三年或四年才出現一次。但她們一直渴望能夠青春永駐。在這裡這是不可能的。就算用盡所有科學儀器、藥劑、整形手術，這樣那樣，它還是不可能的。人一定會變老。在天堂——印度教、回教、基督教、耆那教的天堂——奇蹟發生了！神為你準備了一座有圍牆的美麗樂園。他在那裡等著。如果你善良，如果你服從他，你就會得到豐盛的獎賞；如果你不服從，那你就會下地獄。所以這個「自我」存在於這裡，它是欲望的中心，而神的存在則是欲望實現的中心。

佛陀說兩者皆非，你需要擺脫這兩者；神不存在，自己也不存在。看著現實，不要走向欲望。放下幻想，停止做夢，看看這些真實存在的。而他說只有一個非永恆的、不斷變化的世界——這一個如流水的世界，這個現實的漩渦……所有一切都是暫時性的，一切都在變化著，沒有任何東西是永恆的。

這就是他堅稱沒有「自己」的意思，因為你試圖在你內在製造某種永恆的東西。你說：「身體改變了，好吧；世界改變了，好吧；關係改變了，不復以往，好吧——但是自己，自己是永恆的。沒錯，這個可見的世界改變了——但是還有個看不見的神，祂是永恆的。」你想要某種永恆的東西，所以你迫切地開始相信它。是你的欲望認為永恆必然存在。

佛陀說沒有任何東西是永恆的。一切都是暫時性的；一切都在變動著。了解這一點，而這份了解會讓你解脫、自由。

記住，當其他人談論解脫時，他們談論的是為了自己而解脫。但是當佛陀談論解脫時，他所說的是免於自己的解脫。這是一個非常根本的立場。不是「你」會變得解脫，而是一種免於「你」的解脫。

這是唯一的自由，佛陀說真正的自由是免於你自己的自由。否則，你的頭腦會繼續玩遊戲。它會繼續在新的畫布上繪製新的欲望。結果沒有任何真正的變化。你可以更換畫布。你可以脫離紅塵坐在寺廟裡——但是不會有任何改變，你的頭腦會把同樣的欲望投射到天堂或地獄。

看著這個頭腦。看著它的欲望。觀照，保持覺知。我需要一次又一次的提醒你，因為我使用的是非佛教的語言。所以當佛陀說變得覺知時，他的意思是「成為覺知」。沒有一個人在那裡變得具有覺知；而是只有覺知存在。

是的，你永遠都不會再度出生，但是如果你還攜帶著「你在」的這種概念，那你會仍然是個連續體。如果你放下「自己」的這個想法，這個連續體就消失了，你也消失了。

這就是涅槃。就像你吹熄一盞燭光，燭光停止、消失了，你熄滅了你充滿欲望的頭腦，然後所有的痛苦、所有的輪迴、所有的折磨就停止了。然後突然間，你不在了。

但是這並不表示什麼都不存在；否則佛陀和那些無神論者是一樣的。但是佛陀和無神論有著巨大的差異。佛陀說：你停止了，而這是實相第一次開始接管一切。不過佛陀從來不曾給予它任何名字，因為命名是不可能的——為它命名其實是竄改它。說它在（is），也違反了事實。所以佛陀保持沉默，他對它完全沉默。他指出了經驗它的途徑。但是他沒有繞著它編造出某種哲學。

問題　有沒有任何東西是一個求道者需要要求的？還是一切都會自行發生？

一切都會自行發生，但是，一個求道者需要保持警覺，不要錯過了那輛火車。

火車會自行來到，但是你需要保持警覺。在你的身邊有許多事情發生著；一天二十四小時，不論是清醒還是睡眠，你都需要注意正在發生的事情。而你越是警覺，你會很驚訝發現——這同樣的事以前也發生過，但是它的意義改變了；它的重要性不再一樣了。

玫瑰還是同樣的玫瑰，但是現在它散發著光芒，圍繞著某種新的能量，而那是你以前不曾察覺到的，一種新的美好。就好像過去你只注意到玫瑰的外表；現在你可以看到它的內在。你過去只看到皇宮的外表；現在你進入它最內部的房間。你曾經上百次地看過月亮，但是當你沉靜、安祥、靜心地看著它時，你會開始察覺到以往你不曾察覺的美，一種不平凡的美，這是一種你需要洞察力才能看見的美。在寧靜裡，在平靜裡，這份洞察力得以滋長。

曾經有一個非常重要的事件。印度詩人泰戈爾翻譯了一本自己的小詩集《頌歌集》，又稱《吉檀迦利》（*Gitanjali*）。他因為這本詩集而得到諾貝爾獎。當時在印度，這本詩集至少已經發行了五十年。但是要得到諾貝爾獎，一本書的語言需要能夠達到國際水準，並且獲得國際性的讚賞，否則它很難得到諾貝爾獎。泰戈爾自己有點擔心，因為那是經過翻譯的詩，而詩的翻譯始終是一種困難的事情。散文的翻譯是容易的；詩的翻譯則非常困難，因為散文來自市井之間，而詩則來自於愛的世界、美的世界、星星與月亮的世界。

這是一件微妙細緻的事情。每一種語言都有它自己的微妙差異，這些差異幾乎無法被翻譯。所以即使是詩人翻譯自己的詩，他還是懷疑他的譯本。他把這本詩拿給一個叫做安德魯（C.F. Andrews）的基督教傳教士看，安德魯當時非常有名，他是一個富有文化素養、有教養且飽於世故的人。

安德魯建議他改掉四個地方。他說：「其他的都正確，但是有四個地方文法不對。」所以泰戈爾接受了他的建議，修正了這四個地方。

他的朋友，愛爾蘭詩人葉慈，在倫敦召集了一個英國詩人的聚會，來傾聽泰戈爾的譯文。每個人都欣賞這些詩；它所具有的美對西方世界來說是一種全新的經驗。但是葉慈，他是當時英國最重要的詩人之一，他說：「別的地方都沒有問題，但是有四個地方看起來好像被不是詩人的人修改過了。」

泰戈爾難以置信地說：「哪四個地方？」

葉慈指出了泰戈爾根據安德魯的建議所修改的四個地方。泰戈爾說：「這幾句有什麼不對嗎？」

葉慈說：「沒什麼不對，它們在文法上是正確的。但是就詩而言……不管是誰的建議，那個人都是一個只懂文法而不懂詩的人。他是一個頭腦型的人，而不是屬於心的人。詩的流動受到阻礙，就像是河流碰到石頭一樣。」泰戈爾告訴他：「我要求安德魯看一看我的詩；這些是他使用的字眼。我會告訴你我之前所使用的字眼。」當他把那些字眼放回去時，葉慈說：「它們是全然適當的，即使文法不正確。但是文法不重要。談論到詩的時候，文法一點也不重要。你改回去，用你自己的字眼。」

我總是認為，有些道路是頭腦的道路，而有些道路是心的道路；它們不需要互相支持。如果頭腦不同意心的話，那麼錯誤的是頭腦。頭腦的同意與否並不重要。重要的是你的心是否感到自在、平靜、寧靜、和諧與安然。

我們所受到的訓練都是針對頭腦的訓練，所以我們的頭腦非常善於言詞。沒有人注意心的存在。事實上，每個人都把心擱置一旁，因為它在職場上沒有用處，它在野心的世界裡毫無用處，它對政治無效，對生意也無益。

但是和我一起，情況正好相反：頭腦是無用的。心才能夠了解。

所有一切都會發生，只是你的心需要準備好去接受這些發生。所有一切都會來到，但如果你的心是封閉的……按照生命奧祕的法則，甚至不會有任何東西來敲擊你的心門。

存在知道如何等待；它可以永恆地等待著。它完全依你而定。所有一切都隨時可能會發生。只要敞開你所有的門、你所有的窗，讓存在可以從各個方向傾注到你內在。除了這整個存在，再也沒有別的神了，而除了你自身的存在，再也沒有別的天堂了。當這整個存在傾倒進入你的存在裡時，天堂進入了你的內在；或者說，是你進入了天堂。這只是用不同的方式訴說著同一件事而已。但是記住：你不需要做任何事情。

長久以來，所有的宗教都告訴你：你必須做這個，你必須做那個。你必須折磨自己，你必須放棄歡愉，你必須對抗你的身體，你必須拋棄這個塵世。在佛教的經典裡面，一個求道者需要遵守三萬三千條戒律。你幾乎不可能記得住這些戒律，更別說遵守它們了！我沒有任何要你遵守的戒律，只有一個單純的了解，那就是：這是你的生命，享受它！允許它在你的內在唱歌，允許它在你的內在舞蹈。你不需要做任何其他的事情，你只需要保持敞開，那麼花朵將會灑落在你的身上。

# 第 4 章 命運、宿命與業

存在讓你像白板一樣地誕生。
上面不曾寫著你的宿命；
也沒有命運限定你必須做些什麼。
存在是自由的。宿命是奴役的。
自由表示由你來決定所發生什麼事情。
宿命是一種虛構的假說。
信任是完全不同的一件事。信任不是宿命。

信任只意味著：不論發生什麼事，我都是存在的一部分，而存在不可能蓄意對我不利。

如果有時候我有這種感覺的話，那必然是我的誤解。

問題　我們的人生是否是注定的？

這不是某一個人的困擾；這是一個哲學性的問題。我們的人生既是注定的，也是非注定的。兩者皆是，也兩者皆非。對於與生命有關的問題，這兩個答案都對。

某個程度來說，一切都是既定的。你身體、物質上的一切，你心智上的一切，這些是既定的。但是你身上有某個部分始終保持是不確定、不可預料的。這就是你的意識。

如果你認同你的身體以及你物質性的存在，你的認同程度有多少，你就會受到多少程度的因果影響。這麼一來，你就是一部機器。但如果你不認同你物質性的存在，你既不認同身體，也不認同頭腦——如果你能夠感受到自己是某種脫離於身體頭腦之外、不同於身體頭腦且超越身體頭腦的事物時，那麼這個超越性的意識是無法被事先預定的。它是自發的、自由的。意識代表自由；物質代表奴役。所以它完全依你如何定義自己而定。如果你說：「我就只是這個身體。」那麼，你所有的一切都完全是事先預定的。

一個認為「人就只是這個身體」的人，它無法說人不是事先預定的。一般來說，那些不相信意識的人，也不相信宿命。而那些宗教人士以及相信意識的人通常也相信宿命。所以我說的話看起來似乎很矛盾，但是，事情就是如此。

一個了解意識的人也了解自由。所以只有一個靈性的人才能夠說沒有命定這回事。因為唯有當你完全不認同身體時，這份領悟才會出現。如果你覺得自己就只是一個物質性的存在，那麼自由是不可能的。就物質而言，自由是不可能的。物質代表的是那些不自由的事物；它只能在因果的鎖鏈中隨波逐流。

當一個人成道、達成了全然的意識，他也就脫離了因果的領域。他變得完全無法預料，你無法預測關於他的任何事情。他活在每一個片刻裡；他的存在變得像原子一樣。

你的存在是一條如河流般的鎖鏈，其中的每一步都由過去所決定。你的未來並不是真的未來；它只是一個過去的副產品。過去決定、塑造、規劃、制約了你的未來。這就是為什麼你的未來是可預測的。

斯金納（Skinner，美國心理學家，新行為主義的重要代表）說人類跟所有其他事物一樣，都是可預測的；唯一的困難在於科學還沒有找到方法得知一個人的完整過去。一旦能夠得知一個人的過去，那麼科學就可以預測關於他的每件事情。就斯金納所研究的對象而言，他是對的，因為那些人全都是可預測的。

他曾在上百個人身上做過實驗，而他發現這些人全都是機械化的存在，他們的內在沒有任何可以稱為自由的部分。

但是他的研究是狹隘的；從來沒有任何一個佛去過他的實驗室進行實驗。即使只有一個人是自由的，就算只有一個人是非機械化的、不可預測的，斯金納的整個學說就失敗了。在整個人類歷史上，只要有一個人是自由且無法預料的，那麼所有人類都有著自由且無可預料的潛力。

這個自由與否的潛能，取決於你看重的是你的身體還是你的意識。如果你的整個生命之流是往外的，那你的一切都是命定的。還是，你的內在也有某些東西存在？不要給我那種公式化的答案。不要對我說：「我是靈魂。」如果你覺得自己內在空無一物，那就誠實以對。這份誠實會是你邁向內在自由意識的第一步。

如果你深入內在，你會發現一切都只是外在的一部分。你的身體是外來的，你的思想是外來的，就連你的「自己」也是來自於他人。這就是為什麼你會如此畏懼他人的意見，因為他們完全控制了你的這個「自己」。他們隨時都可以改變對你的看法。你所謂的自己、你的身體、你的思想都是別人所提供的，所以你內在到底有些什麼呢？你是一層又一層的外來累積物。如果你認同這些來自於他人所提供的個性，那麼你所有的一切都是命定的。

開始去覺察一切來自於外在的事物，並且開始不再認同它們。然後有一天，當所有外在的部分都全然消失時，一個重要時刻會來臨。你會處於真空裡。這個真空是外在與內在之間的通道，它是那道門。然而我們是如此地害怕這個真空，我們是如此地害怕空無，所以我們緊抓著外在的累積物。一個人需要有足夠的勇氣，不去認同這些累積物，而保持待在這個真空狀態裡。如果你沒有足夠的勇氣，你會往外走，緊抓著某些事物，然後被它所填滿。但是，這個處在真空裡的片刻就是靜心。如果你有足夠的勇氣，如果你能夠待在這個片刻裡，很快地，你的整個存在會自然地轉向內在。

當外在沒有任何你可以執著的事物時，你的存在會轉向內在。然後這會是你第一次知曉，自己的超越性。你不再是你所認為的一切事物。現在，你不再「即將成為(becoming)」某個人；你就是存在著。這份存在是自由的；沒有任何事物能夠干擾它。它是全然自由的。不受任何因果的束縛。

你的行動一直與過去的行動有關。A創造出一個情況讓B變得可能；然後B創造出一個情境讓C在其中出現。你的行動與過去的行動有關，而這個情況開始於久遠以前無法捉摸的某個起點，結束於久遠以後某個無法捉摸的結尾。不但你自己的行動影響著你，你父母親的行動也在你身上延續著。某種程度說來，你的整個社會、你的整個歷史、你過去所有發生的一切，都影響著你現在的行動。整個歷史在你的身上開花結果。

所有過去發生的事情都影響著你的行動，所以很顯然地，你的行動是注定的。你的行為是這整幅圖像裡如此渺小的一部分。歷史是如此蓬勃、富有朝氣的力量，而你的個人行為不過只是其中微不足道的一部分。

馬克思說，不是意識決定了社會的狀態。而是社會以及它的狀態決定了意識。偉大的社會並非由那些偉大的人物所創造出來的；而是偉大的社會創造了這些偉大的人物。某種程度來說，他是對的，因為你並非你自身行動的原創者。你的行動受到了整個歷史的影響；你只是把它們呈現出來而已。

整個演進的過程已經進入了你的內在，影響著你生理細胞的生成。在你體內的這些細胞有一天會成為他人身上的一部分。你或許認為你只是一個孩子的父親，但你其實是人類整個生物演化的進行場所，而這種生物演化的力量也迫使著你有所行動。這種生物繁衍的行動是如此強而有力，它是超越你的；整個演化過程都透過你而持續運作著。

在這種狀況下，一個人的行動會受到他人以及過往行動的影響。但是，當一個人成道時，一種新的現象會開始出現。他的行動不再受到過去行動的影響。現在，他的所有行動只和他自己的意識有關。這些行動來自於他的意識，而非來自於過去。這就是為什麼一個成道者的行為是無法預測的。

斯金納說，如果我們知道你過去的行為，那麼我們就可以判斷你未來的行為。他說「你可以把馬牽到水邊，但是你無法逼牠喝水」的這句古老諺語是錯誤的。你是可以逼牠喝水的。你可以製造一個環境，讓那匹馬必須喝水。馬可以被強迫，你也可以被強迫，因為你的行動是由情境以及環境所創造出來的。但是，即使你把一個佛帶到河邊，你也無法迫使他喝水。你越是逼迫他，事情就變得越是不可能。高熱無法迫使他喝水；就算有一千個太陽在他頭頂上照耀，那也不會管用。一個佛的行動來自於一個不同的源頭。它和其他行為無關；它只和意識有關。

這就是為什麼我會強調：你需要有意識的行動。因為這麼一來，你每個片刻裡的行動不再會是其他行動的延續。你是自由的。你現在開始有所行動，但卻沒有人能夠預測你的行為。

習慣是機械性的；它們自我重複。你越是重複一件事情，你就越是變得有效率。

而效率意味著現在你不再需要意識了。如果一個人是個有效率的打字員，這意味著他不再需要努力；他的打字可以無意識地進行。就算他思考著其他事情，他仍然可以繼續打字。他的身體在打字；但是他這個人是不必要的。關於自由，某種努力是需要的。機器不可能犯錯。要犯錯，一個人必須擁有意識。

所以，你現在的行動和你過去的行動有著連鎖性的關係；它們是事先決定好的。你的童年決定了你的青年；你的青年決定了你的老年；你的生決定了你的死；一切都是事先決定好的。佛陀常說：「有因必有果」，這是一個因和果的世界，其中所有一切都是事先決定好的。

但是，如果你帶著全然的意識來行動，那情況就完全不同了。這麼一來，所有一切都會一個片刻接著一個片刻地變化著。意識是一個流動；它不是靜止的。它就是生命，所以它不斷地變化。它是活生生的。它持續地擴展；它持續地變化成為新的、清新的、年輕的。這麼一來，你的行動會是自發性的。

我想起一個禪宗的故事……

有一個禪師問了他的弟子一個問題。這個弟子精確地按照它應該回答的方式回答了。隔天，師父又問了完全同樣的一個問題。這個弟子說：「但是我昨天已經回答過這個問題了。」

師父說：「現在，我再問你一遍。」這個弟子重複了同樣的答案。這個師父說：「你並不了解！」

這個弟子說：「但是昨天當我用同樣的方式回答你時，你點頭了。所以我認為這個答案是對的。為什麼你現在改變主意了？」

師父說：「任何可以重複的東西都不是來自於你的。你的答案來自於你的記憶，不是來自你的意識。如果你真的了解了，那麼你的回答會有所不同，因為許多事情已經改變了。我不是昨天提出問題的那個人。這整個情況改變了；你也改變了，但是你的回答卻沒有改變。我之所以再次提出這個問題，就是為了看你是否會重複那個答案。

沒有任何事物是重複的。」

當你變得越是富有生命力時，你的重複性就越少。只有死去的人可以是始終如一的。生命反覆無常；生命是自由的。而自由無法是前後一致的。因為它要和什麼東西保持一致呢？你只能和過去保持一致。

一個成道的人只能夠和他的意識保持一致；他從來不會和他的過去保持一致。他全然地待在當下的行動裡。毫無保留，毫無遺漏。下一片刻，當這個行動結束時，他的意識會再度鮮活。不論何時，也不論有什麼樣的情況出現，意識都在那裡，而他的每一個行動都出於全然的自由，就好像這是他第一次碰到這個情況一樣。

這就是為什麼對於你提出的這個問題，我回答是，我也回答不是。它完全依你而決定，看你是意識，還是一個累積物、一個物質性的存在。

宗教精神帶來自由，因為宗教精神帶來意識。科學家越是了解物質，這個世界就越是受到奴役。這整個物質現象就是因和果，如果你知道當你提供A，然後B就會發生時，那麼所有一切都可以被操縱的。

在接下來的數十年裡，我們會看到人類在經過多重向度的操縱後所帶來的結果。最大的災難並非來自於核子戰爭。核子戰爭只會帶來破壞。真正的災難來自於心理學。他們會知道如何徹底控制一個人。由於我們的缺乏意識，所以人們能夠以許多預定的方式來決定我們的行為。

就像我們現在的樣子，我們的所有一切都是事先預定好的。有的人是印度教徒；有的人是回教徒——這是事先預定的，不是自由的。父母親做了決定；社會進行決定。有人是醫生，有人是工程師；現在，他的行為已經被預定了。我們一直持續不斷地受到控制，而目前這些控制技巧還相當原始。未來更新的控制技巧對於行為的影響會更加廣泛，到時候沒有人會說靈魂是存在的。因為如果你的每個反應都是事先預定好的，那靈魂還有什麼意義呢？

身體的化學反應會影響到你的行為反應。如果給你酒精飲料，你的行為會變得有所不同。因為你身體的化學反應改變了，所以你的行為也會改變。曾經有一度，終極的譚崔技巧就是讓人攝取麻醉物質而同時保持意識清醒。當時的譚崔認為，唯有當所有一切都顯示這個人應該失去意識，而他卻仍然意識清醒時，他才算是成道——反之則否。如果身體的化學反應能夠改變你的意識狀態，那意識有什麼意義呢？如果一劑注射就能夠使你失去意識，那意識有什麼意義呢？這只表示這些注射藥物比你的意識更有力量。譚崔說，人類確實有可能超越麻醉物質的影響，維持清醒的意識。雖然有刺激物、興奮劑，但是預定的反應卻沒有出現。

性是一種化學現象；某些劑量的某種荷爾蒙創造出性欲。你**變成**了那個欲望。當你身體的化學反應恢復正常時，你或許會後悔，但是那個後悔是沒有意義的。下次當那種荷爾蒙再度出現時，你又會採取同樣的行動。所以譚崔也對性進行實驗。如果你在一個充滿性的環境裡卻沒有性欲的話，那你就自由了。你身體裡的化學反應被你遠遠地拋在後方。身體在那裡，但是你不受身體影響。

生氣也不過是種化學反應。很快地，生物化學家能夠讓你免於憤怒或免於性欲，但你仍然不是一個佛。佛並不是沒有憤怒的能力。他有能力感到憤怒，但是憤怒不會影響到他。

如果有人控制了你身體裡的化學反應，你會變得無法生氣。因為那個讓你感到憤怒的化學物質不存在了，憤怒也就消失了。或者，如果你體內的性荷爾蒙被移除了，那麼你是不會有性欲的。但是，真正的重點不在於你是否有性欲，你是否感到憤怒。真正的重點在於：如何在一個讓人難以保持覺知的情況下，仍然能夠保有覺知；如何在一個讓人會失去意識的情況下，仍然保持清明的意識。

每當這種情況發生時，你靜心。這是你靜心的絕佳機會。如果你感到嫉妒，靜心。這是最佳的時機。你體內的化學反應正在運作著。它會讓你失去意識；它會讓你的行為變得瘋狂。這時候，保持覺知。讓嫉妒在那裡，不要壓抑它，但是保持意識；覺知它。

如果憤怒出現了，覺知它；如果性欲出現了，覺知它。不論你內在發生了什麼，讓它發生，在這種情況下，保持靜心。漸漸地，你的覺知會變得越來越深，你的行為也會越來越不受到影響。你變得自由。莫克夏(moksha)，自由，它沒有其他的意思。它唯一的意思就是一份自由的意識，而這份意識是如此地自由，以致於沒有任何事物能夠影響它。

問題　心靈發展的程度是注定好的嗎？還是，人生就是一系列的挑戰與可能性，難以預料結果會如何？

本質是注定的；個性則只是一種偶然。如你所是的本質是注定的，而你所呈現的表象則是一種偶然。你是個印度教徒，你是個基督徒，這是一種偶然。你是個男人，妳是個女人，這是一種偶然。你是個德國人或印度人，這是一種偶然。你是黑人或白人，這是一種偶然。但是你的**存在**，就是你的存在，這是命定的。

試著去找出那些命定的部分，不要太過在乎那些無關緊要、偶然的部分。你的鼻子長一點、短一點，不需要太過煩惱；它只是一種偶然。你的皮膚有某種色素，所以你是個黑人，還是你的皮膚沒有那種色素——這些都一文不值。不要太過顧慮它們。它們無關緊要。

試著去找出那些絕對是命定的部分。那是你的自然天性；那是你的本質。

但是你迷失在這些偶然事件裡。你太關注這些偶發事件了；你太過憂慮它們。你所有的時間和能量都耗費在這些事件上。你如此地忙碌於那些非本質的部分，而遺忘了你的本質。

這就是一個人沉睡時所發生的情況：總是專注於那些非本質的事。想著金錢，想著權力，想著房子，想著車子，想著這個和那個——但是從來不去關注自己內在深處的核心，也就是你自己。你內在深處的核心絕對是命定的。外在，沒有任何東西是命定的。內在，一切都是命定的。給予它更多的關注。這也是「門徒（sannyas）」的意思：轉向本質，遠離那些非本質的部分。

我並不是說你不要吃，不要居住在房子裡——不，不是這個意思。你住在房子裡，但是不要過度關切它。人必須進食才能存活。你吃，但是不要把吃變成你的所有一切。然而有些人總是不斷地想著關於吃的事情。

金錢是需要的，但不要讓錢變成你的神。當你擁有它的時候，使用它。當你沒有它的時候，也好好運用那個「沒有」的狀態，因為它也有自己的美。當你有錢的時候，你可以擁有一座宮殿。那就擁有它。當你沒有錢的時候，就是成為一個流浪者，生活在天空底下。這也有它自己的美。當你擁有錢的時候，利用它。但是不要為金錢所利用。當你沒有錢的時候，享受貧窮。財富有它自己的豐饒之處，貧窮也有它自己的豐饒之處。

有不少東西是只有窮人才能夠享受的——富人無法享受。也有不少東西是只有富人才能夠享受的——窮人無法享受。所以，不管什麼樣的機會在那裡……當你富有時，享受那個只有富人才能享受的。當你貧窮時，享受那個窮人才能享受的。

但是你現在做的是什麼呢？——你的所作所為正好是相反的。當你有錢時，你渴望那些只有窮人能夠享受的事物。而當你貧窮時，你又渴望那些只有富人才能夠享用的事物。你是愚蠢的；我看不出其中有任何聰明之處。

我曾經跟一個朋友住在一起。他是一所大學的副校長，一個老傢伙，一個酒鬼，但他是一個好人，是個和藹、客氣又很慈祥的人。

有天晚上，他喝得太多了，當時我和他在一起。他突然開始變得恐懼起來。他變得非常固執，他對我說：「拜託，立刻寫信到警察局，叫他們派兩個情報員（intelligence officer）過來。」

我寫了信，但是我犯了一個錯。我寫給警局的督察說：「請派兩個聰明的警察（intelligent officer）過來。」

那個老酒鬼看著信，然後開始笑說：「有誰聽過聰明的警察？是『情報員』，不是『聰明的警察』。」

你幾乎無法找到一個聰明的警察，因為你幾乎找不到一個聰明的人。聰明才智極度地缺貨。

當你有錢的時候，享受它。當你有錢的時候，讓自己過得像個國王一樣。但是我看到的情況是：人們有錢，但他們卻過得像乞丐一樣。他們為了未來而把金錢存起來捨不得用，然後當他們失去金錢時，他們又會開始想：「我為什麼要浪費機會呢？我之前應該好好享受的。」

當那些窮人可以享受身邊的樹木時，他們卻總是想著關於住在皇宮裡的事。……那些唱歌的鳥兒、陽光與空氣……這個世界對窮人是較為敞開、開闊的，他們可以享受美好的睡眠，因為對富人來說，睡覺變得非常困難。他或許有個較好的臥室，他或許有張較為舒適的床墊，但是他無法入睡。然後，他會想到那些乞丐，他會羨慕又嫉妒，因為這些人睡得這麼香，還打鼾著，但是「我卻睡不著」。

當你可以好好睡眠的時候，好好地睡。當你有張好床墊時，享受它，享受它們——並且被失眠折磨！但是，讓自己聰明點。

問題　為什麼那些真誠、和藹、心地善良的人會遭受痛苦且為人所忽視？為什麼那些狡詐、貪婪、邪惡的人會成功且受人尊敬？這是他們前世的業力所導致的結果嗎？這是他們的宿命嗎？

不需要相信宿命。不需要認為人們的痛苦是來自於他們過去的惡行或業力。事實是那些善良的人、那些好人、那些品德良好的人是一定會感到痛苦的。你不可能在生命裡擁有所有一切。如果你擁有善良，享受它；如果你擁有品德，享受它；如果你擁有仁慈，享受它。

你為什麼要嫉妒那些狡詐的人成為首相、那些邪惡的人變得富有呢？在這些競賽裡，如果競賽是為了錢、為了權力、為了名聲、為了體面，那麼這些壞人是注定會贏得競爭的。但是如果這場競賽是為了內在的寧靜、安詳、平靜、冷靜、安寧、靜心與神性，那麼這些壞人不會有任何收穫，任何成就。我看不出這有什麼問題。如果你向其他人提出這個問題，他會用前世來解釋這個情況，因為對那些邏輯學家、神學家而言，看起來似乎沒有其他的理由了。

他們一直告訴你好人不應該承受痛苦，痛苦的應該是壞人。但是在生命裡，你看到的事情正好是相反的：好人飽受痛苦；壞人位居高位，享樂著。所以很自然地，那些神學家必須捏造關於前世、信仰、業果(prarabdha，意為影響此世這個人身的累世之業)、業力等謊言，這些全都是偽造、虛構的東西。現實其實很簡單：善良與賺取金錢無關。善良所賺取到的是更有價值的東西；它賺取到的是心靈上的平靜。

一個品德良好的人不需要擔心這些世俗的事物。他或許沒有一座宮殿，但他在陋室裡會過得比國王在皇宮裡更為喜樂。品德無法帶來一座宮殿，但是他能夠擁有喜樂。狡詐或許能夠為一個人帶來一座宮殿，但是他會失去心靈上的平靜，他會失去和自己的所有連結。

所以對我來說事情很簡單。如果你想要的是內在的世界和內在的財富，那就當個好人，當個有品德的人，當個善良的人，不需要嫉妒那些可憐人，那些狡詐賺錢的人，那些可以犯盡各種罪行以求取高位和尊敬的人。你想要兩樣皆有嗎？你想要同時擁有金錢和靜心嗎？你要得太多了些。你也要留點東西給那些狡詐的人吧！他們做了許多努力。而他們的內在是如此痛苦。你的外在或許感到痛苦，但是他們的內在痛苦著，而那種痛苦比你所知的痛苦更難過。

所以我不認為人們需要透過謊言來解釋生命。生命是一種簡單的數學。你就是得到你應得的。不要要求任何與你品質無關的事物，這麼一來，你就不會有問題。這麼一來，你也不會以你現在的方式來看待生命——德性良好的人是痛苦的。不，並沒有什麼品德良好的人在痛苦著。每個品德良好的人正享受著每個片刻的喜樂。如果他感到痛苦，那麼他並非品德良善之人：他只是個懦夫。基本上他是狡詐的，但是他沒有勇氣。他和那些狡詐人士想要的東西是一樣的，但是他沒有足夠的勇氣成為狡詐的人，也沒有足夠的聰明成為狡詐的。狡詐是一種藝術。

狡詐的人應該得到他們設法想得到的。壞人應該得到他們設法想得到的。而好人不需要嫉妒，因為他們擁有內在真正的寶藏。他們應該稍微慈悲些。他們應該看到那些可憐的、狡詐的政客、那些超級富豪…他們應該看到這些人內在的貧瘠、內在的黑暗、內在的地獄，這些好人應該慈悲一些，而不是與之競爭。

問題　因果業力是不容爭論、不應干涉的嗎？還是它也是整個存在的一種方法，讓這個不斷演進的世界、不斷演進的靈魂去成就他所能成就的？

所有一切都是可爭論的，但是這種爭論無法帶領你到達任何地方。你可以爭論，但是這種爭論對你有什麼幫助呢？你可以爭辯認定：業力的自然過程是不應該受到干涉的。這樣的話，你就不要加以干涉。這樣的話，不要抱怨你的痛苦，而應該樂在其中——但是你不是。你想要有所干涉。如果你真的能夠信任自然的過程，這非常好，只是這麼一來，你就不要抱怨任何事情。不要問：「為什麼事情是這樣？」事情會如此是因為業力的自然過程。你感到痛苦？你的痛苦是因為業力的自然過程，否則它不可能是如此；不要干涉。

這就是宿命論、命運論的理論——相信宿命。這種情況下，你什麼都不做：不論發生什麼事情，它就是發生了，你只能接受。這種情況下，你讓自己臣服，不做任何事情。但是，這需要一種全然的接受性。事實上，你真的不需要干涉，但是，你能夠待在這個不介入、不干涉的狀態裡嗎？事實上，你不斷地干涉著每件事情。你無法任它們自然發展。如果你真的能夠放手，你不需要做任何事情，一切都會發生在你身上。但是，如果你無法放手的話，那麼你就介入干涉。你可以介入干涉，只是你需要了解這個過程。

事實上，靜心不干涉業力的過程；相反地，它是跳出業力的影響。它完全不是一種干涉，而是跳出這個惡性之輪，跳出這個惡性循環。這個循環會持續，但是這個過程會自行結束。你無法結束它，但是你可以脫離它，而一旦你脫離了它，它就成為一個幻象。

舉一個例子，拉瑪那・瑪赫西（Ramana Maharshi）死於癌症。他的弟子們試圖說服他去接受治療。他說：「好。如果你們喜歡這樣，如果這會讓你們高興，那你們就治療我。但是對我來說，這不是問題。」那個醫生很驚訝，因為他的身體痛苦著，那是很嚴重的疼痛，但是他的眼睛裡沒有任何痛苦。他的身體飽受折磨，但是他並不痛苦。

身體是業的一部分，它是因果循環的一部分，但是意識可以超越它、超脫它。拉瑪那他就只是關照著。他看著身體痛苦著，知道這個身體即將死亡，但是他就只是關照著。他不去干擾，也不介入。他就只是觀照著正在發生的事情，他不在這個惡性循環裡，他不與之認同，他不在這個循環裡。

靜心不是一種干涉。事實上，沒有靜心的話，你時時刻刻都在干涉著。透過靜心，你得以超越；你成為了山頂上的觀照者。山谷底下的事情仍然持續發生著，它們持續進行著，但是它們不屬於你。你只是一個旁觀者。就好像它們發生在他人身上，或是它們發生在夢裡，發生在銀幕上的電影裡。你不涉入。你不在那個夢裡——你已經跳脫了。現在，你不再是一個演員，你變成了觀眾。這是唯一的改變。

而當你就只是關照時，身體會立即完成所有需要完成的。如果你有許多需要經歷的業，當你成為純粹關照者的時候，你不會再一次誕生，所以你的身體需要在這一世裡經歷完所有需要經歷的痛苦，原本那可能需要花上好幾世的時間。所以，這種事情出現過很多次，那些成道者需要經歷許多痛苦的身體疾病，因為他不會再度誕生，他沒有來世。而這個身體是最後一個身體，所以所有的業和所有經歷都必須在此完成、了結。

所以當我們從東方的眼光審視耶穌的一生時，十字架上的釘刑就成了一個非常不同的現象。對西方的頭腦來說，生命沒有後繼，沒有重生，沒有輪迴，所以他們不曾深入分析基督的釘刑。他們有一個迷思，認為耶穌是為了人們而遭受痛苦，他的痛苦是為了拯救人們。但是這是荒謬的；而且這也不是事實。因為，如果耶穌的受難是對人類的救贖，那為什麼人類仍然還在苦難中？甚至比從前還更痛苦。

在耶穌遭受釘刑之後，人類並沒有因此而進入神的王國。如果他是為我們而受難，如果他的釘刑是為我們的罪行與原罪懺悔，那他就失敗了，因為罪行仍然持續著，原罪仍然持續著，苦難也仍然持續著。這麼一來，他的受難是徒勞無益的，這麼一來，那個釘刑並未成功。

基督教所擁有的只是一種迷思。而東方對於人類生命的解析有著另一種不同的態度。耶穌的釘刑是他自己所有業障所累積而來的痛苦。這是他的最後一世，他不會再進入另一個身體，所以所有的痛苦必須結晶、濃縮成為一點。而那一點就成了釘刑。他不是為任何其他人而受難——沒有人能夠為別人承受苦難。他是為他自己受難，為他過去的業而受難。沒有人可以讓你自由，因為你被自己的業所束縛著，所以耶穌怎麼能夠讓你自由呢？他可以讓自己成為奴隸，他可以讓他自己成為自由的，他可以解放他自己。透過釘刑，他業力的戶頭結束了。他結清了，那條鎖鏈來到了盡頭。

因果，它們已經來到盡頭。他不會再度誕生；他不會再進入別的子宮。如果他不是一個成道者，那麼他會在許多世裡分別承受這些痛苦。但是現在，它濃縮在一點上，在一世裡。

你無法介入干涉，如果你介入，你只會為自己製造出更多的痛苦。不要干涉業力，但是你需要超越它，成為一個業力的關照者。把它當成一個夢，而不是一個事實；只要看著它們，並且冷漠以待。不要涉入。你的身體痛苦時，看著這個痛苦。你的身體快樂時，看著這個快樂。不與之認同，這就是靜心的意思。

不要找託辭，不要找藉口。不要說：「這是有爭議的。」你可以爭辯任何事情，你有這份自由，但是記住，你的爭辯可能是一種自我毀滅。你可以和自己進行辯論，你可以因此而產生某個論點，但是它不會對你有所幫助，它不會讓你有所蛻變，相反的，它會成為一種障礙。

人們一直在爭論著。

今天，剛好有個女孩來找我。她問我：「告訴我，真的有神存在嗎？」她準備跟我辯論神的不存在。我看著她的臉，她的眼睛。她是緊繃的，充滿爭論；她想就這一點大戰一場。事實上，她內心深處希望我說神不存在，因為如果神存在的話，你就有麻煩了。如果神存在的話，你無法繼續保持你現在的樣子；因為挑戰出現了。神是一個挑戰。它意味著你不能自滿；神意味著某種高於你的事物是存在的。一種更高的境界，一種意識的絕對狀態是存在的。這就是神的意思。

所以她準備要辯論一場，她說：「我是個無神論者，我不相信神。」

我告訴她：「如果神不存在，妳要如何『不相信』祂呢？這和神根本無關。妳的相信、不相信，妳贊成、不贊成的論點只和妳有關；它們和神無關。妳為什麼要在意呢？如果神不存在，為什麼妳要長途跋涉，為什麼要找我辯論一件不存在的事呢？忘記祂，原諒祂。回家，不要浪費妳的時間。如果祂不存在的話，妳為什麼還要擔心？為什麼要費力證明祂不存在呢？妳的努力只顯示出妳的狀態。妳害怕，因為如果神存在的話，那祂會是一項挑戰。如果神不存在的話，妳就可以繼續保持現在的樣子；生命不會受到挑戰。」

一個人要是害怕挑戰、冒險、危險、改變自己和變化，他會一直否認神的存在。否認的是他的頭腦；這個否認顯示的是他的狀態，它和神無關。

我告訴她，神不是一件可以證明真假的事情。神不是一個我們可以贊成或反對的東西。神性是你內在所擁有的一個可能性。它不是某種外在的事物；它是你內在的潛能。如果你的旅程來到了這個潛能得以實現的點，它就成為真的。如果你的旅程不曾來到這個點上，它就是假的。如果你爭辯反對這一點，你這趟旅程是無意義的；你會保持原狀。而這會成為一個惡性循環。

你爭辯說神不存在，也因為如此，你從來不曾踏上通往神性的旅程——它是一趟內在的旅行，一趟內在的旅程。你從來不曾踏上這個內在的旅程，因為你怎麼能夠往一個不存在的點邁進呢？所以你只能維持原狀。而當你維持原狀時，你絕對不會遇到、也不會碰到神性。你也不會對任何超越性的事物產生感覺、產生共鳴。然後對你來說，這更加證明了神不存在。而你越是證明它不存在，你就離得越遠，你也越是往下墜落，而那個距離也就越大。

所以我告訴她，這不是神存不存在的問題。這是妳想不想成長的問題。如果你成長，你全然的成長會成為那個會合，你全然的成長會成為那個交融，你全然的成長會成為那個相逢。我告訴她一個故事。

就在春天快結束時，一個颳著風的早晨，有一隻蝸牛在櫻桃樹上往上爬。旁邊的橡樹上有些麻雀開始笑了起來，因為那還不是櫻桃的季節，樹上沒有櫻桃，而這隻可憐的蝸牛卻這麼努力地往樹上爬。麻雀嘲笑蝸牛在浪費力氣。有隻麻雀飛下來，靠近那隻蝸牛說：「親愛的，你要去哪裡？樹上還沒有櫻桃。」

但是那隻蝸牛停都不停，牠繼續往上的旅程。毫無停止，那隻蝸牛說：「等我到了的時候就會有了。等我到達那裡的時候，櫻桃就會出現了。我需要很長的時間才會爬到樹頂，而當我到達那裡時，櫻桃已經出現了。」

神不存在，但是當你抵達的時候，神性會在那裡。它並不是某種已經在那裡的東西——它從來都不在那裡。它是一種成長。它是你自己的成長。當你來到一個全然意識的狀態時，神性就在那裡。但是不要爭論。與其浪費你的精力來辯論，不如用這些能量來蛻變自己。

而一個人的能量並不多。如果你把能量用來辯論，你可以變成一個辯論的天才。但是你是在浪費你的能量，而這是很大的代價，因為同樣的能量可以用來靜心。你可以成為一個邏輯學家，你可以進行邏輯清晰的辯論，你可以找出非常具有說服力的論點來進行正反辯論，但是你會保持原狀。你的辯論不會為你帶來任何改變。

記住一件事：所有能夠改變你的事物都是好的。所有能讓你成長、擴展、增長意識的事物都是好的。所有讓你停滯、保持現狀的則是不好的；它是致命的，自我毀滅的。

問題

有一個蘇菲說：「沒有人可以避免他的宿命。這是一個局限的世界。但是即使事實如此，那些品嚐到無限滋味的人是受到祝福的。」

有一位知名的占星師與作曲家，魯迪亞(Dane Rudhyar)，他是葛吉夫的朋友。他說：「舊的占星觀念是經驗發生在人類身上，但是這不是事實。相反的是，人類發生在他們的經驗裡。」

我觀察到的是，每個有著足夠勇氣的占星師都會發現，當葛吉夫說「人是一部機器」時，他是對的。

葛吉夫是對的，他說人是一部機器，但是他所指的「人」是那些生活在無意識裡的人，無所覺知的人，沉睡的人，對現實有所反彈而非予以回應的人。百分之九十九點九的人類都隸屬於機器這一類別。對這些人而言，占星術是可行的。

事實上，只有機器是可以預測的，可以保證的。一隻錶可以保固五年，一輛車可以保固一段特定的時間，因為我們知道機器所具有的能力，它可以做多少工作，它可以運轉多久。它的範圍是有限的。而且它無法自行做任何事情，它只對刺激有所反應，而它的反應幾乎都是可預測的。

舉例來說，當男孩和女孩來到某個階段時，他們的性欲會開始發育成熟，他們的荷爾蒙和他們的生理反應會開始驅使他們靠近彼此。他們會把這種情況稱為愛，因為沒有人願意被歸屬成為機器。但是兩部機器無法相愛，兩具機器只能待在一起，只能互相競爭，互相牽制。

在所有的語言裡，愛都叫做「墜入愛河（falling in love）」，這並不是一個意外。它是一個無意識的過程；它是一個墜落。你說不出來為什麼你愛上某人。

現在，人類生物科學、遺傳科學已經發展的越加成熟。透過荷爾蒙的注射可以讓你所有的愛都消失，或是讓你變成一個偉大的愛人，這些都是可行的。但這些都是荷爾蒙；它是一種化學作用。你並非有意識的涉入其中。

二十年前在孟買，有個占星師來找我。我告訴他：「你會失望的。占星術對我沒有用。」

他說：「問題不在於你還是別人，占星術沒有例外。」

我說：「這樣的話，你做一件事情，寫下我一年內會做的十二件事。你留一份，我留一份，而我會在這兩份文件上寫下這些是我不會做的十二件事。只有這個方法可以說明你的占星術是否有用。」

他有一點害怕，因為他沒想過會有這種事情發生。我說：「甚至，為了要證明占星術對我不管用，如果你說我到時候會活著，那我到時候就會死。」

他說：「我需要深入研究一下。三天後我會再回來。」

二十年過去了；他還沒有回來！每當我去孟買的時候，我都會要求：「打電話給那個占星師，問問他，他的那個深入研究什麼時候才會完成——因為二十年都過去了。他放棄那個想法了嗎？」

如果你成道了，這時候，占星術對你是沒有作用的。然後，你可以愛，你可以行動，你可以做些事情，在你的存在裡會有著一種奧祕。但如果你無意識的話，你就只是被風吹颳著，這裡那裡四處飄零。

有不少占星學派花了好幾個世紀，來研究人類機械化的行為。他們因此而做出結論，而他們的結論幾乎總是正確的。如果他們不正確，這只表示那個占星者的準備不足，他對人類天性與無意識行為的研究還不夠。

只有當你開始變得具有意識的那一刻，你才開始成為一個真正的人，而不是一部機器。

當葛吉夫第一次說人類是一部機器時，它震驚了許多人。但是他說的是事實。只不過這個事實只適用於百分之九十九點九的人——有百分之零點一的人必須另當別論。

佛陀誕生時……當時的東方，人類的才智發展到了最高的極致。當時，所有已發展的各項工作都達到了它們最高的巔峰、頂點……它們所到達的程度是如此的極致，以致於你再也無法找出一個新的瑜珈姿勢；因為派坦伽利已經發掘了所有可行的瑜伽姿勢，這項科學已經完成了。到現在，五千年過去了，在這五千年裡，曾經有無數的人嘗試過，但是沒有人能夠發現新的姿勢。你也無法發掘出新的性交姿勢；因為筏磋衍那完成了所有可行的姿勢——甚至包含某些看起來不可能的姿勢！而濕婆則完成了所有的靜心技巧——一百一十二種。你可以嘗試新的組合，但是不會有什麼真正新的方式。

當時的占星術也到達它的巔峰。而佛陀出生時，他是一個國王的兒子。這個國王馬上召來最好的占星師。他們研究著這張出生圖，而他們全都保持沉默。只有一個人——一個年輕的占星師——對國王說：「這些人沉默是因為這是個奇特的孩子，關於他，我們無法明確的做出判定。因為他有兩種可能性。」——而占星師是從來不會這樣說的。因為，占星術的意思正是你預測那些必然會發生的事情；而非預測事情的可能性，不然，那就不是預測了。

但是那個年輕的占星師說：「他們都是年老的智者，所以他們甚至不會透露這一點。我還年輕，我可以出頭，我可以冒險，因為我還沒有任何聲望。這個孩子有兩種可能性：他要不是成為世界之王，一個征服全世界的勝利者，就是成為一個成道者，一個覺醒而自由的靈魂——但這麼一來，他也會是一個乞丐。所以，他要不是成為全世界的帝王，就是成為一個托缽的乞丐。而我們無法預測結果是什麼。」

所有的年老占星師都同意：「這個年輕人是對的。我們之所以保持沉默，是因為這不是占星術運作的方式——占星術說的是『這件事必然會發生』。但是就這個男孩而言，我們無法這樣預測。而這兩種可能性是如此截然相反的兩極——不是帝王就是乞丐。」

這是當時發生的情況。

所以國王詢問那些有智慧的占星師：「那麼請告訴我，我該怎麼保護他，讓他不會走向成為乞丐的方向，而是成為一個世界之王。那是我一輩子的渴望。我自己無法實現它，但是他擁有這項潛能！所以告訴我該如何防止他成為乞丐。」

他們提出了所有能夠提供的忠告，然而他們的忠告最後卻造成了相反的結果。他們建議：「提供他所有可能的享樂。不要讓他知道關於死亡和年老的事情。不要讓他知道關於求道者和門徒的事情。讓他不斷地忙碌於歌唱、舞蹈、飲酒和女人，讓他完全沉溺於其中，以致於他沒有時間去思考『何謂生命的意義？』」

然而，這正是出問題的地方——有二十九年的時間，他被孤立於世界之外，全然忽略了這個世界的平凡現實，人們會生病，人們會年老，人們會死亡，這個世界上有門徒、有追求真理的求道者……如果他從一開始就有機會接觸這些事物，從一開始他就看到人們會生病、年老，還有些人會成為門徒，那他是不會受到影響的。但是長達二十九年的時間，他受到完全的隔離。

一個人遲早會接觸到這個世界，當他在二十九年之後接觸到這個世界時，那是一個很大的驚嚇。他無法相信自己的眼睛！他無法相信人會變得年老；他無法相信生命會終結於死亡。他無法相信當自己被隔絕、保持於黑暗當中時，有些人卻在追尋生命的意義，試圖了解人類是否擁有某些不朽的東西。

這個驚嚇本來不會這麼嚴重。對任何其他人來說，這些不會是嚴重的驚嚇——因為從童年起，他們看到所有一切，他們逐漸地習慣了。但是對他來說，這個驚嚇非常巨大。當天晚上，他就像一個追尋真理的門徒一樣，離開了皇宮。過去他的父親一直試圖拯救他，避免他拿起乞丐的碗砵，但在那個夜晚，那正是他所拾起的。

如果他不曾被保持隔離與無知的話，他原本可能會成為亞歷山大大帝。但某方面說來，這是件好事，因為亞歷山大大帝以及與他同樣類型的人，他們對人類的意識無所助益。而這個人，單獨一人，帶著他的乞丐砵，卻比其他所有人更能帶領著人類，向上昇華，邁向星辰，邁向不朽，邁向真理。

對於這樣的一個人，占星術是無法作用的。

最好接受你目前就像個機器一樣。不要覺得受到冒犯——因為如果你覺得受到冒犯，你會自我防衛，然後你會維持現狀。

試著了解自己的行為——它是機械性的嗎？有人侮辱你的時候，你會如何反應呢？這個反應是機械化的反應，還是有意識的回應？在你生氣之前，你思考過嗎？在你回應之前，你有稍微靜心一下嗎？或許對方所說的是對的，如果你沒有馬上、立刻憤怒起來，而有一點靜心的片刻，或許你會感謝對方，而不是生氣。你或許會說：「你說的是事實。」

因為，只有事實才會讓你覺得受傷。謊言不會讓你受傷。

有一天，我看到一份剪報。一個從西藏回來的西方旅者舉行了他的第一個記者招待會，在記者招待會上，他說：「我最棒的經驗就是在西藏遇到奧修。」

人們可以撤下各種謊言，而看到消息的人會相信這點。印刷字對人們有某種特殊的影響。幾天前，有另外一則新聞，這則新聞裡的用詞不是「如果」，也不是「但是」，而是非常肯定地說：「奧修很快就會現身以色列。他決定要改信奉猶太教，而在他改信猶太教之後，他會宣稱自己是摩西轉世。」

現在，你能拿這些人怎麼辦呢？你可以笑，但是你不需要生氣。你可以享受，你可以謝謝他們的想像力。就是這些人讓這個世界持續下去！

就是看著自己的行動，試著不要機械化。在同樣情況下，試著去做一些你以前從來沒有做過的事情。

當耶穌說「如果有人打你一耳光，把你的另一邊臉頰也給他打」時，他的意思就是如此。他真正的意思是：不要機械化地行動——因為在機械化的情況下，有人打你一耳光時，你也會打他一耳光。就算你現在沒有能力反擊，你也會等待反擊的時機。但是給他你另外一邊的臉頰則是非機械化的行為，那是一種具有意識的行為。

但是人們把一切都變得機械化。

我曾經聽說有一個基督教的聖人不斷地引用這同樣的一句話：「愛你的敵人，如果有人打你一耳光，把你另一邊的臉頰也給他。」

有一天，一個反對基督教的人發現這個聖人落單了，就狠狠地打了他一耳光，然後盯著這個聖人的眼睛……有一個片刻，這個聖人想要反擊，但是身為一個聖人，他記起他對別人的教導，記得這個人在他的會眾裡總坐在前排，於是他給對方另外一邊的臉頰，認為對方不會繼續下去。但是那個人更用力地打了他另外一邊的臉！這時候，這個聖人跳到對方身上，狠狠地揍了他的鼻子。對方說：「你在做什麼？你是個基督徒，你必須愛你的敵人。」

他說：「忘了所有這些話。耶穌只說到兩邊的臉頰——在那之後，我是自由的。現在我沒有第三面臉頰讓你打。而耶穌也沒有說當別人打你兩次之後，也把你的鼻子讓他打！」因為耶穌沒有說明為什麼……

佛陀在某一次講道時說：「盡可能讓自己是非機械化的。如果有人打你、侮辱你、羞辱你，原諒他七次。保持你的意識。」

耶穌只說了一次——因為你只有兩個臉頰，而對方已經打過一邊的臉頰。只剩另外一邊，所以還不算太多……佛陀說的是七次。

有一個弟子站起來問：「那第八次呢？前七次我們保持耐性，但是第八次呢？」

就連佛陀也沉默了一下。人類的機械性是如此地深……佛陀說：「那改一下，改成七十七次。」

那個人說：「你可以說任何一個數字，但是問題還是一樣——那第七十八次呢？我們可以等待七十七次……」

你可以像聖徒般地行動，但如果那是機械化的，它不會改變任何事情。保持警覺，如果你看到昨天自己已經做了同樣的事情。今天就稍作改變——因為你不是一個機器。如果你對妻子說了同樣的話，那麼稍作改變——你不是一個機器。如果在二十四小時裡，你持續地變化，那麼慢慢地，你會脫離這些機械化的行為，你的內在會升起一股意識。

過去，你只是看起來像個人；但事實上你並不是。現在，這一份意識會讓你成為一個真正的人類。

# 第5章 對於自由的追尋

讓我提醒你：不要把生命視為理所當然。你需要創造生命，而且只有透過自由的選擇，透過你自己的選擇，你才會創造出生命。是的，你可能會誤入歧途，你可能會犯錯、出問題。但是不需要擔心，錯誤、失誤和誤入歧途都是成長的一部分。唯有透過犯錯，一個人才能夠有所學習；唯有透過誤入歧途，一個人才會回到正確的道路上。

問題　我曾經聽你說過，誤用自由是有害的。自由怎麼能夠被誤用呢？

哲學家總是相信本質先於存在，他們認為一個人出生時，他會是一個什麼樣的人都是早已注定好的。就像種子一樣，他包含了整個程式；所以問題只在於把他呈現出來。其中沒有自由可言。

過去，所有的哲學家一直都抱持著這種態度：人有著特定的宿命、特定的命運。他遲早會成為注定的樣子；那是固定的，劇本已經寫好了。你沒有察覺到這一點——那是另外一回事——但是不論你做了些什麼，那都不是你的作為，而是大自然、無意識的力量或是神透過你而做的。

這是決定論者和宿命論者所抱持的態度。而整個人類都因此而痛苦不堪，因為這種態度意味著人類不可能有任何徹底的改變。就人類的蛻變而言，所有作為都是無用的；因為一切都會按照它應該發生的方式發生。

由於這種態度，東方飽受痛苦。因為，當一個人什麼也不能做的時候，他只能接受一切——奴役、貧困、醜惡；他只能接受。而這不是了解，這不是覺知，這不是佛陀所說的如是（suchness）、真如（tathata）。而是隱藏在美好的字眼底下的絕望與無望。而它的結果是災難性的。

你可以在印度看到這種態度發展到極致之後的結果：貧困、乞丐、疾病、殘障、盲人。而沒有任何人注意到這一點，因為生命就是如此，過去生命一直是如此，未來生命還會繼續如此進行著。一種怠惰昏沉滲透到靈魂深處！

但是基本上，這整個態度是錯誤的。它是一種慰藉，而不是一種探索。它某種程度隱藏了人們的傷口——它是一種合理化。而每當你透過合理化的方式來隱藏你真實的情況時，你注定會陷入越來越深的黑暗裡。

我要告訴你，本質並非先於存在；相反的，存在先於本質。人類是這個地球上唯一擁有自由的存在體。狗生而為狗，牠會像狗一樣地生活，像狗一樣地死亡；其中沒有自由可言。而一朵玫瑰會持續就是一朵玫瑰；其中沒有任何蛻變的可能性——它不可能成為一朵蓮花。這其中沒有任何選擇的可能性，沒有任何的自由。而這也是人類與它們最大的差別。這是人所具有的尊嚴，人類存在的獨特之處，人類的特性。

這就是為什麼我說達爾文是錯的，因為他把人類和其他動物歸屬為同類；他甚至沒有注意到其中最基本的差異。而這最基本的差異就是：所有的動物生來就有牠們既定的程式；只有人類生來沒有既定的程式。人生來就像一塊白板；一塊乾淨的石版，上面是空白的。你需要寫下任何你想寫的東西；而它會是你自己的創作。

人類不只是自由的，我會說人類就是自由。自由是他的本質核心；自由是他的靈魂。當你否定人類的自由時，你也就否定了他最珍貴的瑰寶，他最根本的王國。這麼一來的話，他就成了一個乞丐，而他的處境會比其他任何動物都更為險惡，因為至少牠們還有個明確的程式。人類只會變得迷惘、迷失。

一旦你了解到「人生而自由」這一點，那麼所有成長的向度都會因此而開啟。然後它完全依你而定——成為什麼樣子，不要成為什麼樣子。那會是你自己的創作。這麼一來，生命會成為一場冒險，不是一種揭露，而是一場冒險、一場探索、一場探險。真理尚未賦予給你；你需要把它創造出來。某種程度來說，每一個片刻裡，你都在創造你自己。

如果你接受宿命論，那也是一種對於生命的決定。透過接受宿命論這種態度，你選擇了一種奴隸般的生活，而那是你的選擇！你選擇進入監牢，你選擇套上枷鎖，但是，它仍然是你的選擇。

你可以走出監牢。這也就是所謂的門徒：接受你自己的自由。當然，人們害怕變得自由，因為自由是有風險的。他不知道自己接下來要做什麼、會去哪裡、最後的結果會是如何。如果你不是事先預定好的，那麼一切都是你的責任。你無法把責任丟到別人身上。不論你是什麼樣子，不論你是誰，最終你只能站在存在面前，為自己負起全然的責任。你無法迴避；你無法逃開。而這正是人們所恐懼的。出於這份恐懼，人們選擇了各式各樣的宿命論觀點。

然而奇怪的是：不論是宗教人士還是反宗教人士，他們都同意一點，那就是沒有自由。在所有其他事情上，他們都反對彼此，但是就這一點而言，他們的看法一致，這實在很奇怪。共產主義者說他們是無神論者，他們反對宗教，他們說人是由社會、經濟以及政治環境所決定的。人不是自由的；人的意識是由外在力量所決定的。這是同樣的邏輯！你可以說這個外力是經濟結構；黑格爾說這個外力是「歷史」（History）——記住，要用大寫的H——而宗教人士把這個外力稱為「神」(God);同樣的,這裡要用大寫的G。不論是神、歷史、經濟、政治還是社會,這些全都是外來的力量。而他們都同意一件事,那就是你不是自由的。

就這點,一個真正真誠的宗教人士會有不同的看法。我告訴你,你是絕對自由的,無條件的自由。不要逃避這個責任;逃避對你沒有幫助。你越早接受這一點越好,因為如此一來,你可以馬上開始創造你自己。當你創造自己的時候,一種巨大的喜悅會升起,而當你按照自己的方式完成自己的時候,你會感受到一種極度的滿足——就像是一個畫家完成了畫作最後一筆時,他心裡所感受到的無比滿足感。當工作妥善結束時,那會帶來深深的平靜。那讓人覺得自己參與了這整個存在。

如果神是一個創造者,那麼唯一的祈禱就是讓自己是具有創造性的,因為唯有透過創造力,你才能參與這整個存在的創造;除此之外,沒有別的方法了。從來沒有人想過,你需要以某種方式來參與這個存在,你不能只當一個旁觀者,你只能是一個參與者；唯有如此，你才能夠品嘗到存在的奧祕。創造出一幅畫沒有什麼大不了，創造出一首詩也沒有什麼大不了，創造出音樂也沒有什麼大不了，所有這些都無法和創造自己、創造自己的意識、創造自己的存在相比擬。

但是人們一直感到恐懼，而他們也有理由感到恐懼。首先，這是有風險的，因為責任全在你身上。其次，這樣一份自由是可能被誤用的，因為你可能做出錯誤的選擇。自由意味著你可以做出正確或錯誤的選擇；如果你只有選擇正確事物的自由，那不是自由。

這麼一來，這跟福特製造的第一批車子一樣——它們全都是黑色的。當時他會把顧客帶到展示間，然後告訴他們：「你可以選擇任何顏色，只要它是黑色！」

但這是哪門子的自由？「只要」它是對的，只要它符合十誡，只要它是依據《吉踏經》或《古蘭經》，只要它是根據佛陀、馬哈維亞、查拉圖斯特拉的教導。在這種情況之下，這完全不是自由！就本質而言，自由意謂著你可以選擇兩者，不管它是正確的還是錯誤的選擇。

而危險的是：那些錯誤的事物總是比較容易的，也因此人們會感到恐懼。那些錯誤的事物是一種下坡式的工作，而正確的事物是上坡式的工作。上坡是困難的、費力的——而你爬的越高，它就變得越是艱難。但是下坡是容易的；你不需要做任何事情，地心引力會為你完成一切工作。你可以像石頭一樣地從山頂滾下來，石頭遲早會到達山底；不需要任何努力。但是如果你想提升意識，如果你想提升這個世界的真實、美好與幸福，那麼你所渴求的是最高的顛峰，那絕對會是困難的。

其次，你爬得越高，你越是有掉下來的危險，因為道路會變得狹窄，而你的四周圍繞著黑暗的山谷。只要踏錯一步，你就會掉入萬丈深淵，你會就此消失不見。走在平坦的地面上總是較為舒適而便利的，你不需要理會任何關於高度的事情。

自由賦予你機會，你若不是墜落的比動物更低，就是昇華的比天使更高。自由是一座階梯：它的一邊通往地獄；另一邊到達天堂。而它是同一座階梯。選擇由你決定，方向由你決定。

對我來說，如果你不是自由的，你無法誤用你的不自由；不自由是不可能被誤用的。一個被監禁的人無法誤用他所在的處境；他被鎖鍊束縛著，他無法自由的行動。而這正是所有動物的處境，除了人類以外。動物是不自由的。牠們生來就是某種既定的動物，而牠們也會履行這一點。事實上，是大自然會履行這一點；牠們不曾被要求去做任何事情。在牠們的生命裡沒有挑戰。只有人類需要面臨挑戰、巨大的挑戰。而只有極為少數的人類選擇冒險，向高處攀爬，探索自己終極的巔峰。只有少數的人，像佛陀和耶穌一樣的人；而這些人屈指可數。

為什麼人類不曾選擇讓自己到達如佛陀般喜樂的狀態、如耶穌般愛的狀態、如克里虛那般慶祝的狀態呢？為什麼呢？只因為一個簡單的理由，那就是就連嚮往這樣的高度都是危險的；所以最好連想都別想。而為了讓自己不去想它的最好方法就是接受：人類是不自由的——你已經被事先決定好了；在你出生之前，你就已經接受到一份明確的腳本，而你必須去履行這份腳本。

你問：「自由怎麼能夠被誤用呢？」

只有自由能夠被誤用；奴役無法被誤用。這就是為什麼今天你會在世界上看到這麼多的混亂。以前從來不曾有過這麼多的混亂，而其中的理由很簡單，因為過去人類從來不曾這麼自由過。你在美國所看到的混亂會比蘇聯多，理由很簡單，因為蘇聯人沒有選擇的自由。而在美國，人類所享有的自由是有史以來，不論任何地方都不曾有過的自由。而不論何時，有自由就會有混亂，但是這些混亂是有價值的，因為唯有透過這些混亂，星辰得以誕生。

我的門徒在世界各地都受到嫌棄，在世界各地都受到譴責，只因為一個簡單的理由，那就是他們選擇了一種自由的人生。而我不給你任何教條，因為所有的教條都是一種微妙的奴役。我不給你任何戒律，因為任何外來的戒律都只會限制你、奴役你。

我只教導你如何變得自由，然後把你留給你自己，你可以自由地去做任何你想做的事情。如果你想墮落的比動物更低，那是你的決定，你絕對可以這麼做，因為那是你的人生。如果你決定過這樣的生活，這是你的權力。但是如果你了解自由以及它所具有的價值，你不會墮落的；你不會沉淪的比動物更為低等，你會開始提升的比天使還更高。

人類不是一個實體，他是一座橋樑，一座介於動物與神性、無意識與意識這兩個永恆之間的橋樑。讓你自己有意識地成長，自由地成長，讓你的每一步都來自於你自己的選擇。創造你自己。門徒是一個能夠創造自己，並且為自己負起全部責任的人。

問題

有很長的一段時間，我迫切地追求靈性的真理。雖然我有過許多真實的靈性經驗，但是我仍然感到不滿足與絕望。最近，我那份對於靈性經驗的火熱欲望以及那些經驗的果實都在逐漸消失中。現在我就只是享受每天的日常生活，以及所有隨之而來的事物，像是一頓美味的餐點、一段鄉間漫步、以及和我鍾愛的人一起歡笑等等。我是否在成道的路上變得怠惰？請你談一談陷入昏睡以及放下這兩者的區別？

你現在所做的事情非常的好。就是忘掉所有關於成道的事。全然地，享受這些單純的事物。一杯茶也可以是一個深度的靜心。如果你能夠享受它、享受它的芬芳，慢慢地啜飲，品嚐它的滋味……誰還會在乎神呢？你不知道，當神看著你喝茶時，其實祂很嫉妒你。因為那可憐的傢伙無法喝一杯茶，或是一杯即溶咖啡……在伊甸園裡沒有這種東西。而自從夏娃和亞當離開後，那裡沒有任何人類同伴。神只能和動物生活在一起，而那些動物不知道怎麼泡茶。所以神非常嫉妒你，祂也非常後悔把亞當和夏娃逐出伊甸園，但是現在這件事是無可改變了。亞當和夏娃的兒女現在生活得更為美好、更為豐富。

當你完全忘掉成道這回事的時候，它才會發生。為了避免成道來臨時，你可能會錯過它，你甚至不要從眼角去偷瞄它。完完全全地忘掉它。你就是享受你的單純生活。而一切都這麼地美好，你為什麼要為自己創造出不必要的焦慮和苦惱呢？至於那些奇怪的靈性問題……你無法對它們做任何事情。

如果你能夠把平凡的生活變成一件美好而藝術般的生活，那麼你所渴望的那些事物會自行開始發生。

有一個很美的故事……

在印度的馬哈拉什特拉省（Maharashtra）有一座廟。它是一座奉獻給克里虛那的廟，而它有一個奇怪的故事。在這座廟裡，克里虛那的雕像——在馬哈拉什特拉，祂被稱為比索（Birthal）——是站在一塊磚頭上。這很奇怪，因為沒有其他地方、任何廟宇的神明是站在磚頭上的。

在這個故事裡有一個很美的人，他全然享受著生活裡的每一點，由於他是如此地心滿意足，所以克里虛那決定在他面前現身。平常有些人一輩子都在歌舞著：「喜樂啊！克里虛那！喜樂啊！拉瑪！（Hara Krishna, Hara Rama.）」而不管是拉瑪還是克里虛那都不曾現身；沒有任何人出現。而這個人他一點也不在意克里虛那、拉瑪或任何人。他就只是單純地享受自己的生活，該怎麼過日子就怎麼過日子，伴隨著愛，伴隨著心，伴隨著美，伴隨著音樂與詩意。他的生活本身就是一種祝福，所以克里虛那決定：「這個人值得我去探望一回。」

你可以從這個故事看到——這個人完全不曾思考過關於克里虛那的事情，但是克里虛那覺得這個人值得拜訪。因為克里虛那不想為鎮上其他的人帶來任何麻煩，所以他在半夜時分去拜訪這個人。他發現門是開著的，他走了進去。而這個人的母親生了重病，他正在按摩她的腳。克里虛那來到他的背後說：「我是克里虛那，我來和你會面，給你一個會面的機會。」

而這個人說：「現在時間不對；我正在按摩我母親的腳。」在這同時，他身邊剛好有塊磚頭。他就把那塊磚頭推到背後，他甚至沒有回頭看看這個克里虛那是誰，就叫他坐在上面，他說等他把事情做完以後，他就會見他。然而這個人是如此專注於按摩他母親的腳——她幾乎就要死了——以致於整個晚上過去了，而克里虛那還坐在那裡。祂說：「真是奇怪。人們唱了一輩子的『喜樂啊！克里虛那！喜樂啊！拉瑪！』而我從來不去他們那裡。現在我來了，而這個傻瓜連看都不看我一眼！」然後天色逐漸變亮，太陽開始升起，克里虛那開始擔心起來，因為人們會路過這裡。這棟房子就在馬路旁邊，大門還敞開著，如果人們看到祂的話，很快就會有麻煩；一大群人會跑過來。所以他消失了，只在磚頭上留下了祂的石頭雕像。

當這個人的母親終於入睡時，他轉身說：「這個在半夜裡打擾我的傢伙是誰？」然後他只發現一個克里虛那的雕像。全村的人聚集了過來——這是一個奇蹟，到底發生了什麼事呢？這個人描述了整個故事。人們說：「你是個奇怪的傢伙。克里虛那親自來了，而你卻傻成這樣！你至少可以要祂坐下來，給祂吃點東西，喝點東西。他是一個客人。」

這個人說：「當時我身邊除了這塊磚頭什麼也沒有。而且當我做事的時候，我是全心全意的。我不想受到任何干擾。如果他這麼想被看到，他可以再來一次；這又不急。」

那個雕像留在了比索的廟裡，祂仍然是站在磚塊上。但是這個人是個了不起的人，他不關心報酬或任何其他事情，他是如此全神貫注於他的每個行動裡，以致於他的行動本身就是一種報酬。即使神來了，他行動中的全然所帶來的報酬遠比神的到來更為偉大。

沒有人像我這樣地詮釋這個故事，但你可以看到所有其他的詮釋都是胡說八道。就是忘掉所有關於靈性、成道或是神的事情；祂們會照顧好自己，那是祂們的事情。祂們就是坐在那裡，沒有任何顧客。你不需要擔心；你就是盡你所能地生活。這就是你的試煉，這就是你的膜拜，這就是你的宗教。而其他所有一切會自行發生。

問題

靜靜的坐著，什麼也不做，看著草木生長——或許還睡著了——這樣真的就夠了嗎？

我曾經聽你說過，我們創造自己的生命、自己的地獄和痛苦，這些都是我們的責任。如果靜靜的坐著就已經真的足夠的話，那「努力」和「紀律」是從哪裡來的呢？這麼一來，當我們做些什麼的時候，我們到底「做」的是什麼呢？我們真的能夠有所作為嗎？還是這只是一場夢，是我認為自己做了一些事情？某種程度上，我是如此厭煩於這些作為。但是這麼一來，我是否會因此而變得懶散而漠不關心，看不到任何的愛或美？

那些剝削人類的人製造了許多的哲學、神學和紀律。沒有這些哲學、神學和宗教組織的支持，虛假的人格是無法出現的。這個「紀律」的字眼就來自於這群人，這個「努力」的字眼也是來自於這群人。

他們創造了一個如此強調工作、努力、奮鬥以及有所成就的世界，他們幾乎把所有人都變成了工作狂——這比酒鬼還糟糕，因為酗酒的人至少覺得自己所做的是錯誤的。那些工作狂則覺得自己所做的是對的，其他非工作狂的人是懶惰而沒有價值的；他們沒有存在的權力，因為他們是一種負擔。

這些人摧毀了美好的字眼，賦予它們新的言外之意、新的意義。比如說「紀律（discipline）」這個字眼，紀律的意思並不是你所聽到的那樣。這個字眼來自於「弟子（disciple）」的這個字根。它最初的意思指的是「一種學習的能力」；學習變得更為敏感、更為警覺、更為真誠、更為真實、更富有創造力。如果生命是一趟持續學習與探索的過程，那麼生命是一趟美好的旅程。這麼一來，每一個片刻都是令人感到興奮的，因為每一個片刻你都開啟了一道新的門。每一個片刻你都接觸到一個新的奧祕。「弟子

（disciple）」這個字眼指的是一個學習的人，而「紀律（discipline）」這個字眼則代表了這個學習的過程。

但是這個字眼遭到濫用，於是「紀律」的意思變成了「服從」。他們把全世界都變成了童軍營！高高的上方，那裡有人知道該做些什麼——所以你不需要學習，你只需要服從。他們完全顛倒了「紀律（discipline）」這個字眼的意思。

學習的過程很自然地包含了質疑、提出問題、多疑與好奇，而不是變成一個信徒（believer），絕對不是，因為信徒是從來不學習的。但是幾千年來他們一直這樣使用這個字眼。而這不是唯一一個被他們濫用的字眼；他們濫用了許多字眼。原本美好的字眼在既得利益者手中變得如此地醜陋，讓你甚至無法想像這些字眼原有的意義為何。上千年的誤用……

他們希望每個人都像在軍隊裡受訓一樣的遵守紀律。你接受到命令，然後你必須毫不質疑的執行命令，不問為什麼。這不是學習的方法。

甚至從一開始，他們就已經在人們的頭腦灌輸了各種故事，像是人類所犯的第一項罪行就是不服從。亞當和夏娃被逐出伊甸園就是因為他們不服從。我做過無數的嘗試，但是我看不出他們有任何犯罪的地方。他們只是在探索！你住在一座花園裡，你開始探索各種果實和花朵，哪些可以吃，哪些不能吃。

該負責的是神，因為祂禁止他們去接近那兩棵樹；他指著那兩棵樹說：「你們不可以接近這兩棵樹。其中一棵樹是智慧之樹，另一棵樹是永生之樹。」只要想想看，如果你是亞當和夏娃的話——難道不是神誘惑你去接近這兩棵樹的嗎？而且這兩棵樹還是智慧之樹和永生之樹。為什麼神要反對它們呢？如果祂真的是一個父親，祂真的愛你的話，祂應該會指著它們說：「這是一棵有毒的樹，不要吃它的果子。」或者：「這是一棵死亡之樹；如果你吃了它上面的任何東西，你會死亡。但是另外這兩棵樹很好！盡你可能的吃，因為擁有智慧和永生是非常好的事情。」

每個父親都希望自己的孩子擁有智慧和永生；但是這個父親看起來似乎沒有任何愛心。而且祂不只是沒有愛心，祂還跟魔鬼告訴夏娃的一樣：「祂禁止妳去碰這兩棵樹。妳知道為什麼嗎？因為如果妳吃了這兩棵樹上的果實，妳會變得和祂一樣是平等的，而祂嫉妒這一點。祂不要妳變得具有神性。祂不要妳成為神，獲得智慧和永生。」

我看不出魔鬼的論點有任何瑕玼。他是完全正確的。事實上，他是人類的第一個恩人。沒有他的話，或許就沒有人類——沒有佛陀，沒有卡比兒，沒有基督，沒有查拉圖斯特拉，沒有老子……只有水牛、驢子和老美，只要嚼嚼草就滿足了。然後神會高興於他的孩子是這麼地聽話。但是這個順從是一種毒素，純粹的毒素。

魔鬼必須被當成這個世界上的第一個革命者，第一個思考關於革命、智慧和永生的人。而神說……或者是那些教士們所說的，那些猶太教教士、基督教教士、回教律法家、什葉派宗教領袖……他們好幾世紀以來一直說這是人類的原罪。再一次，他們濫用一個很美的字。「罪(sin)」這個字眼的字根的意思是「遺忘(forgetfulness)」。它和我們所認為的「罪」這個意思無關。遺忘你自己才是唯一的罪行，而記得你自己則是唯一的善行。它和服從無關，它和紀律無關。

那些試圖剝削的人……他們所有的努力就是為了能夠寄生在你身上，吸乾你的每一滴血。他們說：「工作，努力地工作，你要有紀律，你要服從命令。不需要提出問題，因為這些命令來自於一個比你更高等的智慧。」他們有這樣的頭腦態度，所以他們甚至不想讓你睡覺。在某些地方，他們正試圖發展一種全套的教育系統。平常孩子白天在學校裡接受教育，但是他們說：為什麼要浪費晚上的時間呢？人們很快就會離開大學進入社會工作。而他們一天只工作幾個小時而已，他們的夜晚是一種純粹的浪費；它應該被善加利用。所以他們正試圖發展某種方式來利用晚上的時間。比如說，這些時間可以用來學習。

孩子的耳朵可以掛上一種精密的裝置，它由城市的中央系統所控制，然後他們可以傳送他們所謂的「潛意識教育」。它不會干擾你的睡眠——它非常輕柔，非常安靜，所以你甚至無法把它稱為耳語，因為連耳語都會干擾到你的睡眠……它的音量比耳語還低。

關於女人，人們都知道如果你想讓女人知道你所說的話，你只要講悄悄話就好。如果你開始在某人旁邊輕聲細語地講悄悄話，所有周圍的女人都會清楚地聽到你在說什麼！如果你大喊大叫的話，不會有人在乎。悄悄話意味著你試圖隱藏某些事情，其中有著祕密。而女人，透過她敏感的存在，她們會變得非常警覺，她會捕捉到你所說的每一句話。所以如果你想跟任何一個女人說任何事情，你只要跟別人說悄悄話，她就會獲得完全正確的所有訊息！

而潛意識教育實驗所使用的是比悄悄話還更弱的聲音。他們發現它不會干擾睡眠——它甚至不會干擾夢境。夢境發生在某個層面上，睡眠發生在比夢境更為深沉的層面上，而潛意識的耳語則比睡眠還深——所以它直接進入底層。每天晚上，你有八個小時的時間可以傳授任何你想教導的，而且最奇妙的是，孩子會記住每件事情。不需要刻意地記憶，不需要寫家庭作業。它會直接從底層進入孩子的記憶系統。現在，你一天二十四小時都在他們的掌握中！或許有一天，你連做夢的自由都會被剝奪。或許政府機關會決定人們該做些什麼樣的夢，不該做些什麼樣的夢。夢可以像投射影片一樣地被投射在銀幕上，而你無法區別其中有什麼差別，你不知道是你在做夢還是政府機關在放映某些意念。潛意識教學其實是研究人員所發掘出來最危險的事物之一。很多國家都嘗試過這個方法，而且發現它非常有效。

比如說你去看電影，你看到一些廣告——它們有效，但是它們需要反覆播放。某個牌子的香菸……你必須在報紙上看到它，你必須在電視上看到它，你必須在收音機裡聽到它，你必須在街上的廣告看板上看到它，你必須在電影院裡看到它；它必須一直反覆重複。某個特定的品牌……你沒有特別去注意它。你只是看到了，然後就忘了，但是它會在你的內在留下記號。然後當你去買香菸時，突然間你會發現自己要求購買某個牌子的香菸。但是這需要一個漫長的過程。到目前為止，廣告一直都需要一段漫長的過程。而潛意識教學是一種捷徑，而且它非常危險。他們曾經在幾部電影中實驗性地嘗試過，在兩格影片之間插播廣告。你看著電影，但是你不會發覺發生了什麼事情；你持續地看著電影。電影情節還在持續著，然而就在一閃而過的瞬間——短到你的眼睛無法辨認銀幕上出現過什麼事物——然後你開始覺得口渴，你需要一瓶可口可樂。你並沒有看到可口可樂，但是即使你沒有看到它，你的記憶已經得到了這樣一個概念。

他們發現，在進行實驗的那些夜晚，那幾個特定電影院的可口可樂銷售量上升了百分之七十。那些要求購買可口可樂的人不知道自己為什麼會買可口可樂；他們就只是覺得口渴。事實上，他們並不覺得口渴，他們也不需要可口可樂，但是一個潛意識的衝擊效應已經發生了。

這是非常危險的。它奪走你的自由。而你甚至沒有選擇的自由，透過這種方式，你被下了一個指令，而你甚至沒有察覺到你被下令去購買可口可樂。

政治黨派會開始使用這種方法——「投票給雷根」。然後他們不需要破壞所有的牆面，不用到處去寫著「投票給雷根」。他們只要在電視、電影裡加入潛意識訊息就夠了。有些教育學者認為每個人的夜晚都可以用來做更進一步的訓練和補習。比如說，一個醫生從大學畢業了，但是醫學仍然在持續發展著，這個醫生會落後於科學的發展。他所用的藥物不再是最有效的藥物；科學不斷前進，已經找到更好的藥物。而這個醫生沒有機會閱讀所有的文獻，但是他還有晚上可用。白天，他照顧病患，到了晚上他可以吸收最新的資訊。但是，這也意味著你把這個人變成了一個機器人，一天二十四小時都在工作著，做著你要他進行的任何一種工作。工作不再是出於個人的自由意志。

這些人已經把紀律、工作與服從這種原本美好的字眼，變得如此令人不悅，所以有時候，你最好把這些字眼完全拋下個幾天。如果工作是出於你的愛，出於你的創造力，那麼工作是美好的。它也就擁有一種靈性的品質。如果紀律是來自你的學習，你學習的能力，你的貢獻，你的熱愛，那麼紀律是美好的，它會像美麗的火焰在你的內在成長著，指引你生命的方向。如果你的服從來自於信任，那麼服從是美好的——而不是由於某人較有權力，如果你不順從，你就會被處罰。

而神甚至無法原諒一個僅只是不服從的行為。這兩個可憐的傢伙……只因為亞當和夏娃吃了一個蘋果！

有五年的時間，我幾乎只靠蘋果維生。我母親常說：「你該想一想——光只是一個蘋果，亞當和夏娃就被逐出伊甸園。而你只靠蘋果維生！」有五年，我幾乎不吃任何其他東西。我說：「那就是我想看看的……神會把我送到哪裡去？現在，他頂多只能把我送去伊甸園。只有兩個地方可去，伊甸園和塵世。祂無法把我送去別的地方了。」當然，神繼續保持沉默。「該怎麼辦呢？這個男孩從早到晚都在犯罪，罪上加罪。」——因為蘋果幾乎是我當時唯一的食物。

難道神無法原諒一件小事嗎？不，問題不在於亞當和夏娃犯了多重大的罪行。重點在於神的自我受傷了；那只是一種報復的方式。祂帶著極度的報復心處罰他們。難以令人相信的是，到現在你都還在為亞當和夏娃所犯的罪行而受苦。我們不認識這兩個人，我們不知道他們何時存在過，還有他們是否存在；我們和他們的行為完全無關；但是，我們仍然在受苦？

所有的人類子孫都因為這個復仇而受苦？這看起來並不神聖。神看起來似乎比魔鬼還更邪惡。魔鬼看起來還比較友善，比較通情達理些。那些人已經毒化了這些字眼：工作、紀律與服從，他們是這個神的教士。他們代表祂。他們摧毀了這些單純字眼所具有的美。

服從可以是極為美好的。但是它應該出自於你自己的承諾，而不是出自於別人的命令。它應該來自於你的心。

你愛，你敬重，而且你是如此深沉地願意獻身於某人，所以你的心總是說「是」；它忘了如何說「不」。即使你想說不，你也已經忘了這個字眼。這時候，服從是具有宗教精神的，它是靈性的。

問　題　有任何一條道路是沒有死亡與不安全感的嗎？

首先，根本沒有死亡。

死亡是一個幻象。

死亡的總是他人；死的從來不是你。這代表示人們總是從外在來看待死亡；它是一個局外人的觀點。

那些已經知曉內在世界的人都說死亡並不存在。因為你不知道你的意識是由什麼所組成的；它不是由呼吸所組成，它不是由心跳所組成，它不是由血液循環所組成。所以當醫生說一個人死亡時，這是一個局外人的結論；他說的只是：「這個人不再呼吸了，他的脈搏停止了，他的心臟停止跳動了。」但是這三件事等於死亡嗎？它們不是。

意識不是你的身體，不是你的頭腦，不是你的心臟。

所以當一個人死亡時，他只是對你而言死亡了，對他自己來說則不是如此。對他而言，他只是換了一個房子，或許是搬到一間比較好的公寓。但是因為舊公寓被留下來，而你還在舊公寓裡尋找他，你在那裡找不到他，所以你就認為這個可憐的傢伙死了。事實上，你只能說：「這個可憐的傢伙離開了。我們不知道他現在去了哪裡。」

事實上，當醫學說某人死亡的時候，它其實逾越了它的權限。醫學還沒有如此宣布的權利，因為醫學尚未定義出死亡是由什麼所組成的。它只能說：「這個人不再呼吸了。他的心跳停止了。他的脈搏不再運作了。」宣稱這個人的死亡，其實超出了你所看到的。但是由於科學對於意識一無所知，所以身體的死亡變成了個體存在的死亡。

那些了解存在的人……並不是說你只能透過死亡來了解存在；事實上，你可以就是往內走。而這就是我所說的靜心——回到內在，發現自己的中心，在你的中心裡，沒有呼吸、沒有心跳、沒有思想、沒有頭腦、沒有心、沒有身體，而你依然存在。

一旦一個人經驗過自己——不是這個身體、不是這個頭腦、不是這顆心臟，而是純粹的覺知——他就知道對他來說死亡並不存在，因為他不再依賴這個身體。

覺知並不需要依靠血液循環。覺知不需要依靠心臟的跳動與否，覺知不需要依靠頭腦的運作與否。覺知是一個全然不同的世界；它不由任何物質所組成，它是非物質的。

所以你需要了解的第一件事情是：死亡並不存在——從來沒有人發現過死亡。

而如果死亡不存在的話，怎麼會有不安全感呢？

對一個不朽的生命而言，沒有所謂的不安全感。你的不朽與你的銀行存款無關；一個乞丐和帝王一樣地不朽。

就人類意識而言，這是真正的共產主義唯一能夠存在的地方：人類擁有平等的品質，而且他們沒有任何可失去或被奪走的東西，他們沒有任何能夠被毀滅、燃燒殆盡的東西。

所有的不安全感都是死亡的陰影。

如果你深入審視，那麼你會發現所有不安全感都根源於對死亡的恐懼。但是我告訴你，死亡不存在；因此沒有什麼是不安全的。你是不朽的存在，不朽之子（amritasya putrah）。

這就是古代東方的先知所說的：你是不朽之子。

而他們不像耶穌基督這麼吝嗇：「我是神唯一的兒子。」這是一個奇怪的想法……就算只是講講，一個人都應該感到羞愧。「我是神唯一的兒子。」那其他人怎麼辦？他們全是私生子嗎？耶穌譴責了全世界的人！他是神的兒子，那其他人是誰的兒女呢？這實在很奇怪，而且神為什麼在生了一個孩子之後就停止了呢？他生完一個孩子之後就精疲力竭了嗎？還是他是生育控制的信徒呢？

我問過教宗和德蕾莎修女：「你的神一定是生育控制的信徒，祂必然使用了你們一直阻止人們使用的東西——像是保險套；不然，這怎麼可能呢？一旦他創造了一個兒子，那麼至少還會有一個女兒——那是一種自然的傾向。」

而且在這無窮盡的永恆裡……沒有任何樂趣。

心理學家說窮人之所以會有較多的孩子只因為一個簡單的理由，那就是他們沒有別的樂趣。去看電影，你需要錢；去看馬戲團，你需要錢；去秋帕逖海灘（Chowpatty Beach，印度著名的觀光景點），你需要錢。不論什麼好玩的事物，你都需要錢。所以只有上床了，這是唯一不需要錢的樂趣，沒有人會跟你要錢。

神在做什麼呢？他既不能去秋帕逖海灘，不能去馬戲團，也不能去電影院。永遠無聊地坐著……只製造了一個孩子？這裡頭有許多的弦外之音：或許他實在受夠了這一個孩子，所以祂變成獨身主義者：我不會再創造更多的白痴了。

耶穌只在世界上教導了三年。他的年紀只有三十三歲，然後他被送上十字架——一個無法拯救自己的偉大救世主。神必然覺得失望極了：「結束了！再也沒有其他的兒子，再也沒有其他的女兒了。」

但是事實是在這種「成為唯一的一個，沒有任何對手」中，有著某種自我主義的成分。

克里虛那或許是神的化身，但他不是神的兒子——只是一個複製品。

穆罕默德或許是神的信使——但只是一個郵差。

但是耶穌是特別的；他是神唯一的兒子。這其中有著某種自我主義。

古代的先知沒有這麼自我，他們把全人類稱為不朽之子——不論過去、現在還是未來的人類。他們不曾把自己放在一個比你更高的位置；他們不曾假裝比你更神聖。就意識而言，他們說所有的人類都是全然平等與不朽的。

沒有所謂的不安全感。

也不需要其他的道路——而且，不論如何，也沒有別的道路可言。

生命就是這條通過死亡幻象之門的道路。

你可以有意識地通過這道門。如果你夠靜心的話，那麼你可以在穿越死亡之門時，清楚地知道你在更換房子；你可以在進入另一個子宮時，清楚地知道你是在進入一棟新的公寓——而新的總是比較好，因為生命不斷地進化。如果你能夠有意識地死亡，那麼你新的生命必然從一開始，就處於一個較高的層次。

我看不到這其中有任何的不安全感。

你一無所有地來到這個世界，所以有一件事是確定的：沒有任何東西是屬於你的。你全然赤裸地來，但是懷抱著幻想。這就是為什麼每個孩子出生時都帶著一個握緊拳頭的手，認為自己帶著寶藏——那些拳頭其實是空的。然後每個人死亡時，雙手是敞開的。試試看握著拳頭而死——到目前還沒人成功過。或是，試試看敞開著手而出生——

也沒有人曾經成功過。

孩子們握著拳頭出生，懷抱著幻想，認為自己帶著某些寶物來到世上，但他們的拳頭裡空無一物。沒有任何東西是屬於你的，所以有什麼值得不安的呢？沒有任何東西能夠被偷走；沒有任何事物能夠從你身上被奪走。

所有你使用的都屬於這個世界。

遲早有一天，你需要把這一切都留在這裡。

你無法帶走任何東西。

我曾經聽說過，在一個村子裡有一個富翁，他非常吝嗇，吝嗇到他從來不施捨任何東西給乞丐。所有的乞丐都知道這一點，所以每當他們看到有乞丐站在他家門前時，他們就知道——這個人是新來的，他必然來自於別的村落。然後他們會對那個乞丐說：「你不會從那裡得到任何東西的。」

這個富翁的妻子快要死了，但是他不找醫生。他只有一個朋友，因為有很多朋友意味著不必要的麻煩——或許有些人會要求金錢，有些人可能會要求某些東西。他只有一個朋友，而那個朋友也同樣的吝嗇，所以他們之間沒有問題。他們都知道彼此的心態，沒有衝突，沒有要求，也不會有任何尷尬的場面。

這個朋友說：「現在該找個醫生了，你太太快死了。」

那個富翁說：「一切都在神的手裡。醫生能做什麼呢？如果她會死，她就是會死。你會讓我陷入不必要的麻煩……支付醫生診斷費、醫藥費，還有這個那個的費用。我是一個宗教人士，如果她不會死的話，沒有醫生她也會康復。神才是真正的醫生，沒有其他的人了。而我相信神，因為祂從來不要求費用或任何東西。」

他的妻子死了。

他的朋友說：「你看，就只是為了一點錢，而你沒找醫生來。」

他說：「一點錢？錢就是錢；這不是一點點的問題。而且每個人都會死。」

那個朋友有點生氣。他說：「這太過分了。我是一個吝嗇的人，但是如果我太太快死了，至少我會找個醫生過來——我會找某人來看一看。你實在是個無情的人。你要拿這些錢做什麼呢？」

他說：「我會帶著它們一起走。」

朋友說：「從來沒有人聽說過這種事。」

他說：「但是也從來沒有人嘗試過。」這倒是事實。這個富翁說：「你等著瞧。我有自己的計畫——我會帶著一切跟我走。」

朋友說：「告訴我你的祕密，因為遲早我也會死，而你是一個好朋友。」

他說：「友誼是一回事，但我不能說出這個祕密。而且你不能在快死的時候使用這個祕密，你必須在那之前使用。因為你必須把你所有的錢、所有的黃金和鑽石還有所有的東西都背到河裡。」

朋友說：「你是什麼意思？」

他說：「沒錯，然後你坐上河上的一艘小船，帶著你所有的錢沉下去——這樣你就把它們帶走了。試試看！沒人嘗試過。就算你失敗了，那也沒有什麼損傷，因為每個人走的時候都沒有帶著金錢。但是如果你成功了，那麼你會是一個先驅者，第一個帶著所有錢到達天堂的人。然後所有的聖人都會瞪大了眼睛看你——這個人做了件了不起的事！

這個朋友說：「這表示你必須死。」

他說：「當然，而且你必須健康良好。因為當你快死的時候，你很難揹著那麼重的東西。我很快就會這麼做了，因為我太太已經走了，現在沒人在了。」

但是，即使你帶著錢跳進海裡，錢會留在海裡，你的身體會留在海裡。你只能一個人上路，就像意識一樣地單獨。

沒有任何東西是屬於你的，因為你不曾帶來任何事物，你也無法從這裡帶走任何東西。生命是唯一的道路。

死亡只是一個需要了解的幻象。

如果你能夠全然地生活，充分地生活，那麼你會了解死亡是一個幻象——不是因為我這樣說，而是透過你自己深沉靜心而得到的體驗。所以，盡情地生活，盡可能全然地生活，沒有任何恐懼。沒有任何不安，因為連死亡也只是一個幻象。

只有你內在這個活生生的存在是真實的。

清理它，讓它變得更敏銳，讓它充滿了覺知，以致於其中沒有任何一點會陷入黑暗裡，然後，你會是全然光亮的，你會變得像火燄一樣。

這是唯一的道路；沒有其他的方法。

而且也不需要其他的方法。

**問題**　我對個體性（individuality）和人格（personality）之間的區別感到困惑。在自我離開以後，如果有任何東西被留下的話？有什麼是屬於個體性的部分嗎？

個體性是你的本質。你和它一起來到這個世界；它是你與生俱來的。人格是外借而來的。它是社會所賦予給你的。它就像一件衣服，一件微妙的衣服。

孩子生來是赤裸裸的；然後我們把他的赤裸隱藏起來——我們替他穿上衣服。孩子的本質與個體性是與生俱來的。我們也隱藏了這個部分，因為赤裸裸的個體是叛逆的，不符合社會規範的。

個體性就和它字面上的意思一樣。它是個體的。人格不是個體的；它是社會的。社會想要你擁有的是人格，而不是個體性，因為你的個體性會創造出衝突。社會隱藏你的個體性而給予你一個人格。

人格是透過學習而來的。「人格」這個字眼來自於一個希臘字根，它的意思是「面具（persona）」。在希臘戲劇裡，演員通常戴著面具來隱藏他們真正的臉孔，而顯示另外一張臉孔。「人格」這個字眼是從「面具（persona）」這個字眼衍生出來的。它是一張你戴上去的臉孔；它不是你的本來面目。

當人格消失時，不需要害怕。因為這是你第一次變得真實。這是你第一次變得真誠。這是你第一次成就本質。而這個本質在印度被稱為「靈魂（atman）」。

自我是人格的中心，而神性是本質的中心。這就是為什麼我這麼堅持，不論是哪一個角落，自我都需要被放掉。因為你需要知道你是什麼，而不是你被賦予的期望。

人格是假的；它是最大的謊言。這整個社會都仰賴於人格的存在。所有的國家、教會、組織和各種機構——它們全是謊言。西方心理學持續不斷地過度思考關於人格的部分。所以基本上，整個西方心理學是一種奠基在謊言之上的心理學。

在東方，我們考慮的是本質，而不是人格。我們考量的是你所與生俱來的、你固有的天性、自然(swabhava)，也就是你內在的本質。你需要認知到這個部分，你需要把它活出來。

當你不是某個樣子，但卻試圖讓自己看起來如此時，那就是人格。人格是當你進入社會時，為了便利而必須使用的東西。

你散步著，你早上去散步，有人經過你的身旁。然後你微笑了。這個微笑可以是來自於本質或來自於人格。這個微笑可以來自於你真心歡喜於看到對方，看到對方內在的神性，看到對方的心、對方的愛、看到那份無可言喻卻在對方身上具體呈現出來部分。

那就是為什麼在印度我們從來不說「早安」之類的話語。它們沒有多少意義。我們會說羅摩(Ram),羅摩……我們以神的名字來歡迎彼此。這種行為象徵著:「我看到你內在的神。我歡迎你。我很高興、欣喜於你的路過。」如果這個微笑來自於本質,那麼它會散布於你的整個存在。你會感受到一種深深的滿足。你欣喜於對方的經過。他或許離開了,但是這份欣喜還存在,它像一種微妙的芬芳,縈繞著你。

但是你也可以就是說:「早安」,只因為對方是個銀行家,或是一個政治領袖,或是因為不說早安是一種冒險或危險的行為,那讓你看起來不懷好意。所以你微笑說早安;你的臉上掛著微笑。這就是面具;這就是人格。

你需要觀照你的每一個行動。這很困難,但是這是必要的,除此之外,沒有別的方法了。你需要觀照你的每一個行動來自於何處。它是來自人格,還是本質?

如果這個行動來自於本質,那麼本質會因此而有所滋長,因為你讓本質有了一個體現與表達的機會。如果這個行動來自於人格,那麼人格會因此而變得更為堅固,而且越來越堅固,然後它會完全地扼殺掉本質的存在。

就是觀照！一次又一次的提醒自己觀照：「這來自於哪裡？」

如果你回到家，你買了冰淇淋和鮮花給你的妻子，這份禮物是來自於人格還是本質？如果它來自於人格，那麼它是一個謊言。可能你剛和別人的妻子談過話，而你覺得著迷，你覺得被吸引，你的內在出現了欲望，然後你開始有罪惡感：「這是一種不忠。所以帶點冰淇淋回家吧。」

你要記得，你的妻子會馬上開始懷疑！因為除此之外，你從來不曾帶冰淇淋回家。所以這其中必然有些什麼不對勁，你一定是想要隱瞞某些事情。否則你為什麼今天表現的這麼好，這麼突然而又出乎意外的好？你無法欺騙女人；她們有一種直覺，她們是謊言偵探器。她們會馬上有所感覺；她們不思考。她們的感覺是立刻而直接的。女人是從情緒中心來運作的。你覺得有罪惡感；然後你為她帶了禮物。這是來自於人格的禮物。它是危險的！

當然事情也可能是相似但卻是相反的。情境或許還是一樣。你和你朋友的太太談過話。你被迷住了。她是這麼地優雅而美麗，而因為她的美，因為她的優雅，你想起了自己的妻子。因為當你愛一個人的時候，其他美好的人都會讓你想到你所愛的那個人。事情總是如此。如果那名女子很迷人，她會馬上讓你聯想到你所鍾愛的人。你鍾愛對象的某些部分會出現於其中——那可能是某個細節，某個姿勢。你妻子的某些部分會出現於其中。你在那個片刻愛著那個女人，因為她讓你想起你的妻子。然後你充滿了回憶。

然後你可能會帶著冰淇淋、鮮花或某些東西回家……或是你什麼也沒有買，就只是一個微笑。而這是來自於你的本質；它是完全不同的。情境或許一樣，但是你會有著一種全然不同的行動。

人格試圖欺騙。本質則試圖顯露你的存在；不論它是什麼樣子——它就是如此。讓它顯露，讓它敞開，讓它是脆弱的。

試著透過你的本質來生活，那麼你會是具有宗教精神的。當你試著透過人格來生活時，那麼你會是一個最為違反宗教的人。

對我來說，宗教不是某種儀式。宗教並不意味著上教堂或去廟裡。它不是你每天讀《聖經》或《吉踏經》，不。宗教意味著透過本質來生活，讓自己是真實的、真誠的。

還有，記得，不管你用哪一種方式來說謊，你都無法掙脫謊言，因為謊言就是謊言。內在深處，你知道它是一個謊言。你或許假裝自己不知道，但是你的偽裝會在那裡，而它會顯示出謊言的存在。你無法真的欺騙任何人，因為任何一個有眼睛的人，任何一個稍有覺知的人，任何一個稍有智慧的人，他都會看穿你的謊言。

曾經有這樣一個案例。有一個女人控告目拉・那斯魯丁。她宣稱她的孩子是目拉・那斯魯丁的。而目拉在法庭上強烈的否認。

最後，法官問了：「那斯魯丁，你只要告訴我一件事，那就是你有沒有和這個女人睡過？」

那斯魯丁說：「沒有，庭上——連小睡都沒有。」

你的謊言是顯而易見的，因為真相有它自己浮現的方式。它會找到方法出現。最後，當真相出現時，你卻在謊言中虛擲了整個人生。

不要浪費任何一個片刻。所有耗費在謊言中的時間都是徹底的浪費。而且，從來沒有人能夠透過謊言而變得快樂；那是不可能的。謊言只能帶給你偽裝的快樂；謊言無法給予你真正的快樂。

真正的快樂來自於真實。印度人把神定義為喜樂——沙特奇阿南達（satchitanand），真實、意識、喜樂。喜樂（anand）是最終極的核心。

讓自己真實，然後你會是喜樂的。讓自己真誠，然後你會是快樂的。而且這份快樂是毫無理由的；它就只是你真實裡的一部分。快樂源自於真實。每當真實出現時，快樂就會出現。每當真實消失時，快樂也會消失，然後不快樂會開始出現。

不需要害怕。你說：「我對個體性（individuality）和人格（personality）之間的區別感到困惑。在自我離開以後，如果有任何東西被留下的話？有什麼是屬於個體性部分嗎？」

事實上，因為自我的存在，沒有任何個體性能夠留存下來。當自我離開了，整個個體性會如水晶般純淨地出現：清澈、明智、閃亮、快樂、充滿生氣以及與未知的韻律一起震動著。這個未知的韻律是神聖的。它是你從自己存在深處所聽聞到的歌曲。它是一個無形的舞蹈。但是人們可以聽聞它的步伐。

唯有當自我離去時，所有一切真實的部分才會顯露出來。自我是一個欺騙者，它是偽造的東西。當自我離去時，「你」才會再出現。當自我存在時，你只是認為自己存在，但是你並不存在。

問題　如何讓自己變得（become）整合？

整合與成為（becoming）沒有任何關係。事實上，所有想要成為什麼的努力，都會帶來瓦解與崩潰。整合已經存在於你存在最深處的核心裡；你不需要把整合帶入其中。

在你的中心裡，你已經是整合的；否則你根本無法存在。如果你沒有中心的話，你要如何存在呢？牛車移動著，輪子移動著，而那是因為有一個不動的中心存在著，所以輪子因此而能夠移動。它仰賴於軸心而移動。如果車子能夠移動，軸心就在那裡。你或許意識到它的存在；你也或許不曾意識到它的存在。

你是活生生的，你在呼吸著，你有意識；生命在移動著，所以這個生命之輪必然有個軸心。你不見得覺知到它的存在，但是它在那裡。沒有了它，你無法存在。

所以，第一件事件，也是最基本的事情是：問題不在於成為（become）什麼。你已經是了。你只需要進入其中看到這一點。它是一個探索，而不是一種成就。你一直都攜帶著它。但是你變得太過執著於外圍，所以你背對著中心。你變得太過外向，所以你無法往內看。

稍微創造出一點洞察力。「洞察力（insight）」這個字眼很美——它的意思是「往內的視線（sight in）」，往內看，往內探尋。平常眼睛向外睜開，手向外攤開，雙腿往外移動。但是你就是靜靜的坐著，放鬆你的外圍，閉上眼睛，向內走……不帶任何努力。就是放鬆……就好像一個人溺水時，無法做任何事情一樣。平常甚至當我們溺水時，我們都還努力要做些什麼。如果你可以就只是允許它發生的話，它會自己浮上來。脫離層層雲霧，你會看到中心顯露出來。

生命的模式有兩種。一種是行動模式——你做些什麼。另一種則是接收模式——你就只是接受。行動模式是外向的。如果你想要更多的金錢，你無法就只是坐著不動；錢不會透過這種方式自行到來。你必須為它奮鬥、競爭，你必須用盡各種方法和手段——合法的、不合法的、對的、錯的。光只是坐著，錢是不會出現的。如果你想擁有權力，如果你成為一個政客，你必須為它做點事情。它不會自形出現。

有這種行動模式，這種外向的模式存在。也有一種不行動的模式：那就是你什麼也不做；你就是允許事情發生。我們已經遺忘了這種語言。而我們需要重新學習這個被遺忘的語言。

你不需帶入任何的整合——它已經在那裡了。我們只是遺忘了如何看到它；我們遺忘了如何了解它。我們需要逐漸從行動的模式來到接受、被動的模式。

我並不是要你脫離行動的世界——因為那會再次讓你變得傾斜而不平衡。你現在已經是傾斜的。你的生命中只有一種模式，那就是行動與作為。有些人甚至無法想像自己靜靜地坐著；那是不可能的。他們無法允許自己有片刻的放鬆。他們只對行動感興趣。

我曾經聽說……

目拉．那斯魯丁的太太站在窗戶旁，而那是一個美好的日落景象，鳥兒紛紛飛回自己的鳥巢。那真是一個美妙的黃昏。所以她對那斯魯丁說：「來這裡看一看！這片夕陽多美啊！」

那斯魯丁頭也不抬地看著報紙說：「噢，妳說什麼？太陽做了些什麼嗎？」

如果有些「作為」出現了，那他就感興趣。如果純粹只是日落，那它有什麼值得看的呢？

你只對行動有興趣，你只對「有所作為的事情」感興趣。你已經太過執著於這一點。這需要一點點的放鬆；你需要花幾個片刻、花幾個小時，有時候甚至是幾天的時間，讓自己全然來到生命的另一種模式裡：就只是坐著，讓事情自行發生。當你看著夕陽時，你不需要做任何事情。你就只是觀賞著。當你看著一朵花時，你需要做些什麼嗎？你就只是看著。

事實上，其中不需要努力，即使看著一朵花。那是不需要努力的。你張開眼睛，花朵在那裡……當那個被觀看的與觀看者都消失時，一個深沉交流的片刻發生了。美出現了；祝福出現了。突然間，你不再是觀察者，而那朵花也不是被觀察的對象——因為在觀看裡，那仍然還有些許的作為。現在你在那裡，花在那裡，然後不知不覺，你們的界限彼此交融了。那朵花進入了你，你進入了那朵花，然後突然間，有什麼東西顯露出來了。你可以把它稱為美，稱為真，稱為神性……

你需要越來越能夠允許這種稀有的片刻。我不會說你要去培養這些片刻，我不會說你要去造就這些片刻，我不會說你要做些什麼——因為再一次，那會是行動模式的語言，而這會帶來嚴重的誤解。不，我只能說允許這些片刻出現的越來越多。有時候，就是什麼也不做。放鬆在草地上，看著天空。有時候，你閉上眼睛，就只看著內在的世界——思想移動著、漂流著；欲望出現、離去。看著色彩繽紛的夢的世界在內在進行著。就只是看著。你不說：「我要停止這些思想。」不然，你又再一次走向行動的模式。你不說：「我在靜心——走開！所有的思想，離我遠一點。」因為當你開始說這句話時，你已經開始有所作為了。不！就好像你不在那裡一樣地存在著。

有一個極度古老的靜心方法，即使到現在，西藏仍然有些僧院在使用這個方法。這個靜心就是根據我所告訴你的這個事實。他們的教導是：有時候你就是讓自己消失。坐在花園裡，你開始覺得自己正在消失。然後看一看，當你從這這個世界上消失，當你離開這個世界，當你不在這裡，當你變得完全透明時，這個世界會是什麼樣子。就是花幾秒鐘的時間，試著不存在。

就好像你不在一樣地待在你自己的家裡。

就是想一想：遲早有一天你會消失了。遲早有一天你會離開，你會死；你的收音機會繼續播放，你的妻子會繼續準備早餐，你的孩子會繼續去上學。就是想一想：今天你離開了；你不在了。你變成一個鬼魂，坐在你的椅子上；你消失了，你想著：「我不再是真的；我不在了。」然後就是看一看，你的房子會如何地繼續下去。這其中會有一種莫大的平靜與寧靜。所有一切都會像現在一樣地持續著。沒有你，所有一切會像現在一樣地持續著。沒有任何損失。因此，你總是忙忙碌碌，一直不斷地做這個、做那個，滿腦子作為，這到底有什麼意思？有什麼意義呢？你遲早會離開，而不論你做了些什麼，那都會消失——就好像你在沙地上簽名一樣，當風吹過沙地，你的簽名會消失，一切都會結束。存在著，就好像你從來不存在一樣。

這真的是一個很美的靜心。一天二十四小時裡，你可以嘗試這個靜心很多次。即使半秒鐘也好；這半秒鐘的時間，就是停下來……你不在了……而這個世界持續著。當你開始越來越警覺到這個事實：沒有你，這個世界仍然好好地持續著。在這之後，你就能夠開始去學習你存在裡，那被忽略許久，甚至已經被你忽略好幾輩子的另一個部分，那就是接收性的模式。你就只是允許事情發生，你成為一扇門。即使沒有你，事情仍然持續地發生。

成為一根浮木。像原木一樣地在河面上漂浮，不論河流流向何方，你都讓它帶領著你；你不做任何努力。整個佛教的態度都屬於這種接收性的模式。這就是為什麼你會看到佛陀靜坐在樹下。他所有的形象都是坐著，無為地坐著。他就只是坐在那裡；什麼都不做。

你沒有這種類型的耶穌形象。耶穌仍然遵循著行動的模式。也是在這裡，基督徒錯過了那個最深的可能性：基督徒變得活躍。基督教的傳教士持續地服務窮人，到醫院裡做這個、做那個，而基督教所有的努力就是做好事。是的，這很好——但是這讓他持續停留在行動模式裡，但是一個人只能在接收模式下體悟到神性。所以基督教的傳教士會是一個好人，一個非常好的好人，但是就東方的觀點來說，他不會是一個賢者。

現在，甚至連東方都把那些無法停止作為的人視為偉大的靈魂——因為東方又窮又病。他們有著無數的痲瘋病患、盲人、未受教育的人；他們需要教育，他們需要醫藥，他們需要服務，他們需要一千零一樣東西。因此突然間，這些作為活躍的人開始變得重要——所以甘地是一個偉大的靈魂，維奴巴・巴維（Vinoba Bhave，甘地的主要追隨者之一）是一個聖人，加爾各答的德蕾莎修女也變得極度的重要。但是從來沒有人注意過，這些人是否曾經有過接收性的模式。

現在，如果佛陀出現的話，沒有人會敬重他，因為他不會去設立學校或醫院。他會再一次坐在菩提樹下，就只是靜靜地坐著。並不是他沒有任何完成任何事情，事實上他的存在創造出一種強烈的振動，只是它非常地微妙。透過坐在他的菩提樹下，佛陀改變了全世界。但是要能夠辨認出那些振動，你需要調整自己，你需要成長。

能夠認知出一個佛，你就已經在這條路上了。要認知出一個德蕾莎修女是一件容易的事，其中沒有什麼太深奧的東西。任何人都能夠看到她在做善事。

做善事是一回事，而「為善」則是完全不同的另一回事。我並不是說不要做好事。我是說，讓那些好事來自於你本身的「善」。

首先，讓你自己來到接收的模式，先讓自己是被動的、不活躍的。然後當你內在的存在綻放時，你也會了解內在的整合。事實上，它一直在那裡，那個中心始終在那裡。當你認知出那個中心時，突然間，對你而言，死亡消失了。所有的憂慮消失了。因為你不再是一個身體，不再是一個頭腦。

然後，慈悲會湧現，愛會湧現，祈禱會湧現。你成為對這個世界的一項禮物、一項祝福。現在，沒有人知道這樣一個人會做些什麼——他是否會成為一個像耶穌一樣的革命者，驅逐那些在廟裡放債的人；還是他是否會去服務窮人；還是他會繼續地坐在菩提樹下，散布他的芬芳；還是他會成為一個像蜜拉（Meera）一樣的人，透過歌舞來讚頌神的光輝。沒人知道會發生什麼事；那是無法預期的。

你問我：「如何讓自己變得（become）整合？」

我在這裡的整個努力，就是為了讓你意識到：你不需要做任何事情，你不需要更多的東西。你已經擁有了，它早已存在於你的內在。但是，你需要透過一些方法、一些門路、一些路徑去發掘它。你需要挖掘它；寶藏就在那裡。

所以問題不在於如何變得整合。真正的問題在於：「我要如何知道，我已經是整合的了？」

這個問題是妮莎格（Nisagar）所提出的，而我知道為什麼她會提出這個問題。她在西方接觸過葛吉夫的工作。而葛吉夫有一個很奇怪的觀念，它非常有意義，但仍然還是很奇怪。他常常對他的弟子說：「靈魂不存在，中心也不存在；人們必須把它創造出來。人類生來並沒有靈魂。」……這是一個很奇怪的理論。但是我可以了解他所強調的重點：人類並非生來就有靈魂；人們需要藉由努力讓他的靈魂結晶化、具體化。因此，葛吉夫的整個系統被稱為「工作（the work）」。它是工作、工作再工作。它是一種努力——再一次，這是一種行動模式。

事實上，在西方，要教導人們非行動模式是很困難的一件事。所以葛吉夫所教導的技巧和方法，在於如何讓人們變得整合。他會說：「沒有已存在的靈魂在那裡。」事實上，並不是沒有靈魂在那裡，也不是他沒有覺察到靈魂的存在；而是這是他的方法。關於靈魂，人們已經變得非常懶散而怠惰。他們認為靈魂已經在那裡了，所以為什麼要擔心它，為什麼要顧慮它呢？「它就在那裡。我隨時都可以找到它，所以讓我現在去找些別的東西，一些我還沒有的東西。現在，讓我去尋找美麗的女人、更多的美酒、更多的金錢、更多的權力。讓我去尋找那些我還沒有的東西。當我對這一切都厭倦時，我隨時可以閉上眼睛，然後我往內走，靈魂就在那裡。它從來不會遺失；你無法失去它，你也無法獲得它。它已經在那裡了。」人們因此而變得怠惰。

你可以在東方看到這種情況。整個東方變得如此地惡劣與昏沉。「靈魂已經在那裡了」，每個人都知道這件事，每個人也都聽說過這回事。「神就在心裡，祂已經在那裡了，所以為什麼要這麼大驚小怪呢？」人們尋找的是那些不存在的東西。

葛吉夫察覺到這個事實，「靈魂已經存在」的這個觀念讓人們變得怠惰，而對靈魂毫無興趣，對內在世界也毫無興趣。頭腦只對具有挑戰和冒險的事物感興趣。為了配合西方的頭腦，所以葛吉夫開始倡導靈魂不存在：「不要耐心的坐著，做些事情——因為當人們死亡時，沒有什麼會留存下來。只有那些曾經整合過自己中心的人能夠倖存。其他人會像植物一樣地消失。所以，這是你的選擇。這是你的風險。」葛吉夫說：「如果你做些事情——這裡的「做」指的是非常艱苦的工作，辛勞的工作，奉獻整個生命的工作——你才能夠在死後存在。否則你會被拋棄。你會被丟入垃圾堆裡。除非你是整合的，不朽才會選擇你。你必須為此而努力。只有非常少數的人會在死後獲得拯救，而不是所有人。」

這是一個奇怪的理論，以前從來不曾出現過，在整個人類歷史上也從來不曾出現過。是有些人說：「靈魂不存在。」我們知道這些人；他們是無神論者。這種人一直都存在。

也曾經有人說：「靈魂是存在的，它是無法被摧毀的。連死亡也無法摧毀它。」我們也知道這種人；這種人也一直都存在。但是葛吉夫所說的則是一種全新的看法，一種從來沒有人提出的看法。他說：「靈魂是『可能的』，它不是確定的。它只是可能的。你或許可以成就它，也或許無法成就它——你可能會錯過它。而你錯過它的可能性比較大，因為你現在生活的方式，你不曾為它工作、賺取它。」

葛吉夫說：「人就像一顆種子。這顆種子不見得會長成樹木。它不是必然的——這個種子可能無法找到正確的土壤。或者就算它找到了正確的土壤，那裡可能缺乏雨水。或者就算那裡有了雨水，也可能有些動物會毀掉這棵植物。這其中有一千零一種困難。這個種子不見得一定會長成大樹。只有當你進行了一千零一種的保護工作，這個種子才會成長為樹木。你還不是一個靈魂；你只是一個可能性而已。你需要花費一千零一種的努力；唯有如此，你才會成為一個靈魂。只有極為少數的人：在上百萬人裡，只有一個人能夠成就靈魂。其他人就像是植物一樣，死亡，然後消失。」

我說這是一個奇怪的理論，因為它不是事實。但是我會說它是有意義的，因為像這樣的理論是需要的——至少西方需要這樣的理論。否則，不會有人在乎靈魂的事情。但是基本上來說，所有葛吉夫所使用的技巧和我們在東方用來探索靈魂的技巧是一樣的。他只是改變了說法。他把它稱為創造靈魂、整合靈魂、結晶化你的中心。但那些技巧是同樣的技巧。

你已經是整合的。我指的不是外圍——外圍有太多的騷動。你的外圍是破碎無組織的。向內移動，而你越是深入時，你越會發現自己是整合的。然後當你到達某個點，在你存在最深處的聖壇裡，在那裡你會突然發現自己是一個整體，絕對的完整。所以問題在於探索。

要如何探索呢？

我給你一個技巧。一個非常簡單的技巧，一開始的時候，這個技巧看起來很困難。但是如果你嘗試，你會發現它很簡單。如果你不嘗試，你只是思考它的話，它會看起來很困難。

這個技巧是：只做你享受的事情。如果你不享受某件事情，你就不做它。試試看——因為享受只會來自你的中心。如果你進行某件事，而你享受它，你會開始再度和你的中心有所連結。如果你所做的是一件你不享受的事情，你會失去和你內在中心的連結。喜悅來自於你的中心，而非其他任何地方。所以讓這成為你的標準，對它感到狂熱。

當你在街上行走時；突然間，你發現你不享受這樣的行走。那就停止。結束。這不是你要做的事。

我大學的時候常常這樣做，而人們認為我瘋了。我會突然地停下來，然後我會待在原地半小時、一小時，直到我再度開始享受走路。我的教授們對此感到害怕，所以每當要考試的時候，他們會把我塞進車裡，帶我到學校講堂裡。他們會把我留在門邊，然後在那裡等著看我是否會走到我的位置上？當我在洗澡時，如果突然間我發現自己不再享受了，我就停止。不然，這有什麼意義呢？當我吃東西時，如果突然間我發覺自己不享受了，我會停下來。

我高中的時候曾經去上過數學課。第一天我走進去時，老師才剛開始介紹這門課。上課途中，我站起來試著離開教室。那個老師說：「你要去哪裡？如果你沒有尋求我的同意，我不會讓你再進來這間教室。」我說：「不用擔心，我不會再回來了。這就是為什麼我連問都不問。結束了！我不享受這門課！我會去找其他我可以享受的課，因為如果我不享受的話，我不會上這門課。不然它是一種虐待；一種暴力。」

然後漸漸地，這變成一把鑰匙。我突然領悟到：每當你享受的時候，你就是歸於中心的。享受是回歸中心之後所出現的聲音。每當你不享受時，你就脫離了中心。所以不要強迫；那是沒有必要的。如果人們認為你瘋了，就讓他們認為你瘋了。在幾天之內，透過你自己的經驗，你會發現你是如何錯過自己的。你做著一千零一件你不享受的事情，而你仍然持續進行著，因為你被要求去做這些事情。你只是在履行義務而已。

人們甚至摧毀了像愛這種美好的事物。你回到家，你親吻你的妻子，只因為你必須這樣做，親吻是必要的。這時候，一件像親吻這麼美好的事情，一件如花朵般的事情，就這樣被摧毀了。然後慢慢地，你會持續毫不享受地親吻你的妻子；你會逐漸忘掉親吻另一個人類的喜悅。你和任何碰面的對象握手，而那個握手是冰冷的，其中沒有任何意義，沒有任何訊息，也沒有任何溫暖的流動。這個握手打招呼是死寂的。你慢慢地學習到這個死寂的姿勢，這個冰冷的姿勢。你變得凍結；你變成一個冰塊。然後你問我：「如何進入自己的中心？」

當你是溫暖的，當你是流動的、融化的，當你在愛裡、在喜悅裡、在舞蹈裡、在歡欣裡的時候，你的中心是敞開的。這完全取決於你。就是繼續進行那些你真心喜愛的事情、你享受的事情。如果你不享受了，那就停止。找其他你能夠享受的事情。

一定有某些事情是你所享受的。我從來沒有遇到一個無法享受任何事情的人。有些人或許無法享受某一件事，然後是另一件事情，然後又另外一件事情，但是生命非常地寬廣。不需要一直停滯在某件事情上；讓自己是流動的。讓你的能量變得越來越流動。讓它流動，讓它和其他在你周圍的能量有所交流。然後你很快就會看到，問題不在於如何變得整合；問題在於你已經遺忘了如何去流動。在一股流動的能量裡，突然間，你已經是整合的了。這種整合有時候會意外地發生，但其中的道理是一樣的。

有時候你愛上一個女人或一個男人，然後突然間，你覺得自己是整合的，突然間你首度覺得自己是完整的。你的眼睛發亮，你的臉龐容光煥發，你的聰慧不再遲緩。某些東西在你的存在裡開始熱烈地燃燒；一首歌曲浮現了，連你的步伐都有著一種舞蹈的品質。你變成一個完全不同的存在。

這些片刻是罕見的，因為我們還沒有學習到那個祕密。而這個祕密就是：你開始享受某些東西。這整個奧祕就是如此。一個畫家或許飢餓地繪畫，但是你仍然可以在他臉上看到無比的滿足。一個詩人或許窮困，但是當他吟唱他的詩歌時，他是這個世界上最富足的人。沒有人比他更富有。這其中的祕密是什麼？這其中的祕密就在於：他享受這個片刻。每當你享受的時候，你和你自己是和諧同步的，你和這整個宇宙是和諧同步的——因為你的中心就是一切的中心。

所以讓這個小小的洞見成為你的風格：「你只做讓你享受的事情，否則就停止。」當你看報紙看到一半，你突然發覺你不享受了，那它就是不必要的。為什麼你還要繼續閱讀呢？就是馬上停下來。如果你和某人談話，談話過程中你發覺自己不享受了，而你的話語才剛講到一半，停下來。你不享受了；你沒有義務要持續下去。一開始的時候，這看起來會有點怪異。但我的門徒是怪異的，所以我不認為這會有什麼問題。你可以練習它。

在幾天之內，你會經常接觸到自己的中心，然後你會了解為什麼我總是一次又一次地重複：你所尋找的東西已經存在於你的內在。它不在未來。它和未來無關。它已經在這裡了，事情就是如此。

# 後記

有一個人來找朱耐德(Junnaid)——一個蘇菲神祕家，他問說：「你對於注定、命運、宿命，還有人類的自由有什麼看法？人能夠自由地去做任何他想做的事情嗎？還是他只是某個未知傀儡操控者手中的傀儡，隨著操控者的選擇而起舞呢？」

朱耐德是這個世界上最美的神祕家之一。他對著那個人大喊：「抬起一條腿。」

那個提出問題的人非常富有，朱耐德知道這一點。他所有的弟子，整個學校裡的人都知道這一點。而朱德喊得這麼大聲，這麼粗魯：「抬起一條腿！」那個富翁從來沒有聽從過任何人的命令；他來見朱耐德不是為了要服從命令，而且他甚至無法想像他的問題和這個回應之間有任何關聯。但是當你面對一個像朱耐德這樣的人時，你必須照他的話做。

所以他抬起了一條腿。

朱耐德說：「這還不夠。現在，也抬起另一條腿。」

這個人覺得迷惘又生氣。他說：「你的要求太荒謬了！我提出了一個重要的問題，你完全不回答我就放掉了這個問題，然後你要我抬起一條腿。我也抬起了我的右腿。而現在你要我也抬起另一條腿？你到底想要什麼？我怎麼可能同時抬起兩條腿？」

朱耐德說：「現在。坐下來。你是否接受到我的回覆了？」

那個人說：「你還沒有回答我的問題。相反的，你要求我做一些怪異的行動。」

朱耐德說：「看重點：當我叫你抬起一條腿的時候，你可以自由選擇是右腿還是左腿。沒有人替你決定；是你自己選擇抬起右腿。但是一旦你選擇抬起右腿，你就無法也選擇抬起左腿。是你的自由決定了你所受到的限制。現在你的左腿是受限的。」

人類是半自由，半受限的，但最初他是自由的。

而人類可以自由的決定他要如何使用這份自由，但是這也決定了他會受到的限制。沒有人坐在那裡在你的腦袋裡寫下任何東西，或是在你的手掌上刻上任何線條。就算是一個全能的神，做著這種在人們手掌上刻畫線條的蠢事，到現在祂也該累了。而這個世界上一直都有這麼多人誕生——要在每個人腦袋裡寫下他會成為什麼樣的人，他會在哪裡誕生，他會何時死亡，因為何種疾病死亡或是哪個醫生會害死他……所有這些細節！所有這些工作！就是想一想你自己，如果你必須做這種工作，而且還是毫無理由的。神要不是發瘋，要嘛就是會自殺。就算祂瘋了，祂還是必須做祂的工作。所以或許有幾天祂真的瘋了，就在祂創造出人類的時候，那之後祂必然是自殺了，因為祂不會希望看到這個世界因為核子武器而蒸發的。但是，是祂把核子武器寫入你的腦袋裡的；祂必須負責。

沒有人需要負責，也沒有神的存在。這些都是我們的策略，以便把責任丟給其他人。

你是自由的，但每一個自由的行動都會帶來責任——而那就是你的限制。你可以把它稱為限制——這不是一個美好的字眼——你也可以把它稱為責任。我把它稱為責任。你選擇了某個行動，那是你的自由。但是行動之後的結果就是你的責任了。

我完全同意科學認為「因果並存」的看法。就「因」而言，你是自由的。但是接下來你要記得：「果」是由你、由你的「因」所決定的。所以事實上，就「果」這個部分而言，你也是自由的；因為它是你的自由的後果。

如果你用一種非常簡單、非神學的方式來看待生命的話，你會非常驚訝的發現：根本沒有問題。

生命是一個奧祕，但不是一個問題。問題是可以解決的；奧祕是你可以有所體驗，但卻永遠無法解決的。而靜心就只是去探索這個奧祕，不尋求什麼解釋，也不尋求什麼解答，而是一種探索……慢慢地融入其中，就像是漣漪消失在海洋裡一樣；這個消失是我唯一僅知的宗教精神。所有其他的都是胡扯。

原文書名：*DESTINY, FREEDOM, and the SOUL* by OSHO
本書為奧修對聽眾所作的許多演講內容之整理，所有奧修演講皆有書籍出版以及錄音存檔，可透過奧修線上圖書館www.osho.com找到錄音檔案和完整的文字檔案。



奧修靈性智慧 6

# 自由——生命的意義是什麼？

***DESTINY, FREEDOM, and the SOUL: What is the Meaning of Life?***

作　　者　奧修 OSHO
譯　　者　Bhakti
編輯顧問　舞鶴
責任編輯　林秀梅　Sevita

版　　權　吳玲緯
行　　銷　何維民　吳宇軒　陳欣岑　林欣平
業　　務　李再星　陳紫晴　陳美燕　葉晉源
副總編輯　林秀梅
編輯總監　劉麗真
總 經 理　陳逸瑛
發 行 人　凃玉雲
出　　版　麥田出版
104台北市民生東路二段141號5樓
電話：(886)2-2500-7696　傳真：(886)2-2500-1967
發　　行　英屬蓋曼群島商家庭傳媒股份有限公司城邦分公司
104台北市民生東路二段141號11樓
書虫客服服務專線：(886)2-2500-7718、2500-7719
24小時傳真服務：(886)2-2500-1990、2500-1991
服務時間：週一至週五09:30-12:00．13:30-17:00
郵撥帳號：19863813　戶名：書虫股份有限公司
讀者服務信箱E-mail：service@readingclub.com.tw
麥田部落格：http://blog.pixnet.net/rye¬eld
麥田出版Facebook：https://www.facebook.com/RyeField.Cite/
香港發行所　城邦（香港）出版集團有限公司
香港灣仔駱克道193號東超商業中心1樓
電話：(852) 2508-6231　傳真：(852) 2578-9337
馬新發行所　城邦（馬新）出版集團【Cite(M) Sdn. Bhd. (458372U)】
41, Jalan Radin Anum, Bandar Baru Sri Petaling,
57000 Kuala Lumpur, Malaysia.
電話：(603)9057-8822　傳真：(603)9057-6622
E-mail：cite@cite.com.my

設　　計　黃瑪琍
奧修照片提供　Osho International Foundation
印　　刷　沐春行銷創意有限公司

2012年7月1日　初版一刷
2022年6月2日　二版一刷
定價／380元
ISBN 978-626-310-204-0
9786263102057 ( EPUB )


國家圖書館出版品預行編目資料

自由：生命的意義是什麼?/奧修(OSHO)作；Bhakti譯. -- 二版. -- 臺北市：麥田出版：英屬蓋曼群島商家庭傳媒股份有限公司城邦分公司發行, 2022.04
面；　公分. --（奧修靈性智慧；6）
譯自：Destiny, freedom, and the soul : what is the meaning of life?
ISBN 978-626-310-204-0（平裝）
1. 靈修
192.1　　111002691